Die 7 Säulen der Erfolgreichen Führungskraft

Wie Sie zur wahren Führungspersönlichkeit werden, Mitarbeiter begeistern und Ihr Team zum Erfolg führen | Persönlichkeitsentwicklung zur Mitarbeiterführung

Thomas Reus

Alle Ratschläge in diesem Buch wurden vom Autor und vom Verlag sorgfältig erwogen und geprüft. Eine Garantie kann dennoch nicht übernommen werden. Eine Haftung des Autors beziehungsweise des Verlags für jegliche Personen-, Sach- und Vermögensschäden ist daher ausgeschlossen.

INHALT

Vorwort

Macht –– ein Wort, das wir alle kennen und unter welchem wir uns vorstellen können, was hinter diesem Begriff steckt. Macht – ein Großteil der Menschen möchte sie, doch nicht jeder weiß, wie er sie erlangen soll. Macht – hat sieben wichtige Säulen, kann positive, aber auch negative Auswirkungen für Machthabende und Machtlose haben. Ich möchte Ihnen Wissen über die Macht vermitteln, welches Sie sonst nirgends so ausführlich finden können. Ich zeige Ihnen außerdem, weshalb kaum ein Mensch wirklich mit Macht umgehen kann. Wer Macht erlangen möchte, kommt an den **sieben Säulen** nicht vorbei:

1. Standfestigkeit $\longrightarrow$ Menschen, die gewinnen möchten, stehen immer vor einer Konkurrenz, mit der es klarzukommen heißt;

2. Leidenschaft $\longrightarrow$ um Leistung vollbringen zu können, muss man Lust haben, Leistung zu erzielen;

3. Selbstkontrolle $\longrightarrow$ der Beruf sollte nicht nur Beruf sein, sondern Berufung, denn das bringt Spaß mit sich;

4. Liebe $\longrightarrow$ Menschen sind ein Grund zur Freude, das heißt, man muss mit ihnen etwas gemeinsam schaffen wollen;

5. Kommunikation $\longrightarrow$ jemand, der etwas zu sagen haben will, muss den anderen Menschen auch zuhören können;

6. Wissen $\longrightarrow$ wer etwas erreichen will, muss auch wissen wie;

7. Ethik $\longrightarrow$ will man ganz nach oben, so muss man sich gegen andere, die zu manipulieren versuchen, durchsetzen.

Sie sehen, Macht zu erlangen, ist nicht immer einfach und der Umgang mit ihr erst recht nicht. Zögern Sie nicht länger und fangen Sie an, sich das notwendige Wissen über die Macht anzueignen. Ich garantiere Ihnen: So kommen Sie Ihrem Ziel viel näher!

Das wird Ihnen durch das Lesen des Buches möglich sein:
Durch dieses Buch werden Sie lernen, was wahre Macht ist und welche Bedeutung diese hat. Sie werden lernen, dass Sie sehr viel Potenzial in sich tragen, um die Macht vollkommen auszuschöpfen. Mit theoretischen Modellen, die so einzigartig sind, dass man diese als Geheimwaffe bezeichnen könnte, werden Sie lernen, sich selbst und Ihr Umfeld erfolgreich einschätzen zu können. Zudem kann dieses Buch Sie anhand vieler Beispiele und Übungen dabei unterstützen, sich selbst zu reflektieren. Damit Sie im privaten wie auch im professionellen Bereich in vollen Zügen profitieren können, erfahren Sie, welche Handlungsalternativen Ihnen zur Verfügung stehen.

Die sieben Säulen werden niemals einzeln betrachtet, denn sie sind ein System, welches aufeinander aufbaut, sich ergänzt und sich gegenseitig bedingt. Daher ist es wichtig, dass Sie sich beim Lesen des Buches von dessen Struktur leiten lassen.

Kapitel 1: Allgemeines

Macht – ein Wort, unter dem sich viele wahrscheinlich Folgendes vorstellen: Jemand ist mächtiger, stärker, klüger als andere und ist daher der Chef oder der Bestimmer. Doch stimmt das so wirklich? Um das herauszufinden, sollten wir uns den Begriff zunächst genauer ansehen.

Definition: Wenn man von Macht spricht, ist die Rede von der **Fähigkeit eines Menschen, auf andere einzuwirken, und zwar so, dass sich diese unterordnen und nach den Wünschen des Machthabenden verhalten.** In gewisser Weise finden wir Macht in allen Formen unseres Zusammenlebens wieder. **Durch Macht entstehen** auf unterschiedliche Weise **soziale Strukturen, welche persönliches, gesellschaftliches und soziales sowie strukturelles Einflusspotenzial haben.** Es gibt allerdings auch **extreme Formen von Macht.** Hinsichtlich dessen kann Macht auch als Durchsetzungsfähigkeit gesehen werden. Hier sind die **Ziele einseitig definiert**, was zur **Folge** hat, dass die **Ansprüche von beteiligten Personen nicht berücksichtigt werden.** Kurzum: **Durch die Durchsetzungsmacht müssen sich die Machtlosen den Machthabenden unterwerfen.**

Es erfolgt die Androhung von Strafen, durch welche der Machthabende erreicht, dass sich andere ihm fügen. Man kann auch sagen, dass sie gezwungen sind, dem zu folgen, was der Machthabende vorgibt. Der Machthabende geht keine Kompromisse ein oder begibt sich in den Austausch mit seinen Mitmenschen, falls diese gegensätzliche oder unvereinbare Interessen aufzeigen - es ist für ihn nicht erforderlich. Macht und Einfluss sind hier deutlich voneinander abzugrenzen, auch wenn die Übergänge zwischen diesen fließend sind. Beides sind Bedeutungsfelder, welche wie folgt umschrieben werden: „Macht über jemanden oder etwas haben" und „Macht, zu tun". Betrachtet man den Begriff Macht als sozialen Begriff der Sozialwissenschaften, ist der Umfang dessen Bedeutung eher umstritten.

Machtverhältnisse, die gemäßigt sind, beschreiben ein Austauschverhältnis, welches mehrseitig ist. Eine Seite nimmt immer die Ausgangsposition ein, während die andere die Verhandlungsposition einnimmt. Das wird von beiden Seiten aber auch so akzeptiert. Der Grund dafür können die verfügbaren Möglichkeiten der Einflussnahme sein. Diese sind beispielsweise: Belohnung, überlegenes Wissen oder Bevorzugung. Die andere Seite verzichtet hier auf Widerspruch und unternimmt nichts gegen die ausgeübte Macht, sie duldet und befolgt diese Macht.

DAS GIBT ES ÜBER MACHT NOCH ZU SAGEN:

Die physische und psychische Handlungsmöglichkeit einer Person oder gar einer ganzen Gruppe von Personen wird durch den Machtumfang definiert. Welchen Nutzen die Macht hat, im positiven, aber auch im negativen Sinne betrachtet, hängt davon ab, wie sie sich auswirkt.

Wirkt sich die Macht negativ aus und nutzt die machthabende Person ihre Macht bewusst, obwohl bestimmte Voraussetzungen vorhanden sind, es anders zu machen, wird von Missbrauch der Macht gesprochen.

Es ist immer notwendig, die Handlungsmacht und deren Voraussetzungen genau unter die Lupe zu nehmen, denn auch, wenn Zwang oder Gewalt zum Einsatz kommen, heißt es nicht, dass sich dies immer negativ auswirkt.

Wie die Anwendung von physischer Gewalt geregelt ist, wird in einer demokratischen Gesellschaft immer vom Staat delegiert. So ist es seine Aufgabe, gesellschaftlich notwendige Funktionen zu erkennen. Die Macht, welche es in demokratischen Systemen gibt, wird immer durch eine Verfassung und zahlreiche Gesetze geregelt.

DIE ETYMOLOGIE (WISSENSCHAFT DER HERKUNFT UND GESCHICHTE DER WÖRTER UND IHRER BEDEUTUNGEN)

Betrachtet man das Wort Macht hinsichtlich seiner Herkunft und dessen Bedeutung, lässt es sich auf zwei indogermanische Wurzeln zurückführen, welche ähnlich klingen: mag- (bilden, formen, kneten, pressen). Diese Bedeutung weist darauf hin, dass ein Werkzeug genutzt wird/wurde, oder zweitens: magh- (machen – fähig sein, können, vermögen). Es lässt sich an dieser Stelle ein Hinweis auf den Zusammenhang im sozialen Bereich hinsichtlich einer Verfügung über andere und sich selbst finden. Ebenso erkennt man hier die Ausrichtung auf die Zukunft.

Betrachtet man den heutigen Sprachgebrauch, lässt sich erkennen, dass immer noch eine „Verdinglichung" und „Personalisierung" mitschwingt. Das ist der Grund, weshalb Macht in unserer Gesellschaft schon aus Prinzip als „relationaler" Begriff zu verstehen ist, also ein Begriff, der mit einer Beziehung zu etwas einhergeht.

Die Bedeutung des Wortes Macht lautet im Althochdeutschen, Alt-Slawischen und Gotischen Können, Fähigkeit, Vermögen. Es ist stammesverwandt mit dem Wörtchen machen. Es signalisiert uns demnach Potenzialität. Das lateinische Wort „potentia" (Macht) stammt von dem Wort „posse" ab. Dieses kann man mit „können" übersetzen.

Im Allgemeinen ordnen wir das Wort Macht immer dem Wortfeld des Begriffs Herrschaft zu. Folgende Worte legen dies nahe: Machthabende, Ergreifung der Macht, Machtwechsel oder Machtapparat. Diese zeigen uns aber auch, dass es den Inhabern von Macht auch an politischer Legitimation fehlen kann.

Fazit: Das Wort Macht bezeichnet etwas Faktisches. Autorität und Herrschaft basieren auf legitimierten institutionellen Grundlagen.

Kapitel 2: Die Geschichte des Begriffs Macht

Die politische bzw. die legitimierte Machtausübung ist nur eine Erscheinungsform der Macht. Und doch steht sie im Mittelpunkt, hinsichtlich der Theoriebildung und des Denkens.

Als Erstes hat sich die griechische Sophistik (eine Gruppe von Männern aus der griechischen Antike, verfügten über besondere Kenntnisse auf theoretischem oder praktischem Gebiet). Sie hatten eine philosophische Sicht auf das Machtproblem.

Im Melier-Dialog (berühmte Episode im Geschichtswerk „Der Peloponnesische Krieg") von Thukydides (griechischer Historiker) wird die Frage bezüglich der inneren Macht des Rechts behandelt.

Die Abgesandten von der Insel Melos berufen sich auf das Nützlich-Sein des Gerechten. Die Athener hingegen vertreten die reine Machtposition einer Großmacht. Demzufolge kann es Rechte nur bei einer Gleichheit von Kräften geben. Die Ausübung von Macht basiert somit auf der Natur des Menschen. Betrachten wir die Auseinandersetzung von Platon mit der sophistischen Position: Hier scheinen jene, die anscheinend mächtig sind, eher ohnmächtig. Ihr Handeln richtet sich nicht nach dem, was als das Beste erscheint. Anders gesagt: Das, was sie eigentlich wollen würden, täten sie nicht, wenn sie es besser wüssten.

Auch Aristoteles setzte sich mit dem Machtproblem auseinander. Bei ihm ging es um die Theorie von Herrschaft und der damit verbundenen Knechtschaft. Eine Herrschaft von freien Menschen über ebenfalls freie Menschen ist die politische Herrschaft im Unterschied zur Despotie (Herrschaftsform mit einem Herrscher oder Oberhaupt): Hier lösen sich Herrscher und

Beherrschte ab.

Im lateinischen Sprachbereich unterscheidet man **zwei Formen von Macht:**

1) **Amtsgewalt** (potestas = inhaltlich zunächst unbestimmter Begriff für jede tatsächliche Beherrschungs- oder Entscheidungsmöglichkeit) und

2) **Ansehen** (auctoritas = römischer Wertbegriff, spielte in der Politik der römischen Republik eine bedeutende Rolle).

Augustinus knüpft genau daran an. Er geht davon aus, dass es einem Menschen nicht möglich ist, über andere Menschen herrschen zu können, sondern über deren fehlende Vernunft.

Thomas Aquin (italienischer Dominikaner, einer der einflussreichsten Philosophen, bedeutendster katholischer Theologe) schränkt diese Machtausübung auf vernünftige Formen der Herrschaft über Freie ein.

Pontentia sei nur eine Form der potestas, meint Wilhelm von Auvergne (scholastischer Philosoph und Theologe). Wirksam sei diese nur, wenn die Untergebenen Gehorsam zeigten.

Bei Wilhelm von Ockham (berühmter mittelalterlicher Philosoph, Theologe und kirchenpolitischer Schriftsteller) steht die Aneignungsmacht der Menschen hinsichtlich herrenloser Natur im Fokus. Hier herrschen die Menschen gemeinsam über die Natur. Er meint zudem auch, dass Eigentum eine wichtige Machtquelle hinsichtlich der Politik ist. Zudem seien sie auch eine materielle Grundlage für die politische Zwangsgewalt. Diese ist unabhängig von göttlicher Macht, aber bedarf der Zustimmung durch die Beherrschten.

„Jedermann sei Untertan der Obrigkeit, die Gewalt über ihn hat. Denn es ist keine Obrigkeit ohne von Gott; wo aber Obrigkeit ist, die ist von Gott verordnet." – Roemer 13, Luther Bibel 1545

Noch weiter wagt sich Marsilius von Padua bezüglich der geistlichen

Machtausübung vor. Er sagt, dass genau diese ein Widerspruch in sich selbst ist. Um den Frieden aufrechterhalten zu können, wäre es eine wichtige Voraussetzung, dass es nur eine Macht gibt. Und genau diese sollte mit Zwangsgewalt ausgestattet sein. Natürlich lässt sich die Macht in seinen Augen von Gott herleiten, doch um diese wirklich durchsetzen zu können, müsste es Zwangsinstrumente geben. Diese findet man am ehesten in einer Wahlmonarchie.

Machiavelli begriff, dass die Macht bezüglich ihrer Auswirkungen eine praktische Tatsache sei und nicht wie die Autorität eine Legitimation. Diese kann nur technologisch optimiert werden.

Jean Bodin meint, dass die Souveräns durch Legitimitätsbeschaffung gestärkt werden müssten. Das soll aber nicht heißen, dass ein Souverän an Gesetze gebunden ist, um handeln zu können.

Thomas Hobbes hat die Theorie, dass jeder Mensch eine natürliche Aneignungsmacht gegenüber der Natur hat. Dazu zählen auch die Machtunterschiede und die Vorstellung eines naturrechtlich begründeten Anspruchs auf Herrschaft jedes Menschen. Ein Krieg durch alle und gegen alle kann nur durch Machtkonzentration auf ein erschaffenes Subjekt (den Staat) verhindert werden. In seinem Werk Leviathan löst Hobbes das Problem, Macht zu begründen, vollständig aus dem Rahmen aller Theorien bezüglich der Macht.

Spinozas Naturzustand liefert keinerlei normative Kriterien für den Gebrauch von Macht. Er sagt, dass jeder Mensch das natürliche Recht habe, alles das durchzuführen, was in seiner Macht steht. Das natürliche Recht und die Macht werden dahin gehend gleichgesetzt. Es ist aber auch wichtig, zu wissen, dass die Tugend ebenso an die Macht gebunden ist. Wenn die Macht aus sich selbst heraus wirksam wird, erscheint diese als Tugend. Wichtig dabei ist, dass sich der Mensch an dieser erfreuen kann, ohne Widerstände überwinden zu müssen.

Auch Immanuel Kant beschäftigte sich mit dem Begriff Macht. Er meint, dass die persönliche Herrschaft mit der Staatsmacht des Obrigkeitsgrades mit Gewalt gleichzusetzen ist. Diesem wird Gehorsam geschuldet. Dabei wird die rechtliche Legitimation jedoch nicht zwingend mitgedacht. Demzufolge sei die Gewalt eine Macht. Diese ist dem Widerstand durch andere Mächte übergeordnet.

Bei den Versuchen, die Macht hinsichtlich der politischen Philosophie theoretisch zu bestimmen, haben besonders die Erfahrungen der Französischen Revolution und der politisch-militärische Zusammenbruch der deutschen Kleinstaaten eine wichtige Rolle gespielt. Beide Ereignisse reflektieren die bedrohliche Radikalität, welche durch konstitutionell-monarchische Macht Gewaltsamkeit freisetzt. Gleichermaßen identifiziert sich diese aber auch durch die nationale Vereinheitlichung sowie die bürokratische Zentralisierung möglich gewordener Machtpolitik.

Die politische Philosophie Fichtes, Hegels und Adam Müllers wendete sich daher am Anfang des 19. Jahrhunderts den Voraussetzungen der nationalstaatlichen Machtpositionen, den geistig-moralischen und religiösen Legitimationsgrundlagen politischer Macht zu.

Fichte führte durch den Einfluss seiner selbst gedachten republikanischen Verfassung das Recht und die Macht wieder enger zusammen. Für ihn tritt der Begriff, welcher durch einen Vertrag zu legitimierender Staatsmacht wurde, an die Stelle der Staatsgewalt. Demnach sind potestas und potentia nicht mehr geschieden, sondern vereint.

Adam Müller meint hingegen, dass es nur eine kollektive Glaubensvorstellung auf der Basis von Macht im Unterschied zur physischen Macht geben kann.

Durch Hegels Begriffstheorie wird die Macht als Macht im Allgemeinen bestimmt. Das heißt, dass der Begriff Macht in etwa bedeutet, dass es sich um übergreifende Macht des Machthabenden gegenüber untergeordneten Momenten handelt. Der Staat stellt hier die übergeordnete Macht des

Allgemeinen gegenüber der mächtigen Sphäre des Privatwohls und des Privatrechts dar.

Hegels Machtbegriff ist insofern modern, als dieser interaktiv im Sinn eines Verhältnisses zwischen zwei Parteien ausgeweitet ist. Die Macht kann enden, wenn man dieser mit einem Nein entgegentritt und wenn diese mit Gewalt ausgeübt wird. Absolut kann sie erst als Freiheit sein.

Macht ist da am größten, wo man sie nicht sehen kann. Aus diesem Gedanken entwickelte sich im 19. Jahrhundert eine sehr kreative Übertragung des Begriffs Macht auf viele Bereiche der Gesellschaft. Die Analyse der Religion ist ein Beispiel dafür.

Die Verwandlung persönlicher Machtverhältnisse in sachliche Machtverständnisse ist für Marx und Engels das Eigentümliche einer modernen Gesellschaft. Das kommt wiederum durch die Macht des Geldes über die Arbeit, die alles begründet, zum Ausdruck.

Friedrich Nietzsches Wille zur Macht bildet einen anderen Ausgangspunkt der Theoriebildung. Er meint, dass es eine Formel zur Beziehung des Verlangens sei, welches unersättlich wäre, ein Trieb, der sehr schöpferisch wäre, welcher ein elementares Motiv für alle Lebewesen darstellt und zudem jenseits jeder moralischen Wertung stünde. Im 19. Jahrhundert wird dieses Konzept weiter zum postulierten Gegensatz zwischen vitalistischer Aktivität und kultureller Verfeinerung ausgebaut. Geltend macht sich dies ganz besonders in den antimarxistischen Elitetheorien, wie bei Vilfredo Pareto.

Max Weber definiert den Machtbegriff wie folgt: „Macht bedeutet jede Chance, innerhalb einer sozialen Beziehung den eigenen Willen auch gegen Widerstreben durchzusetzen, gleichviel worauf diese Chance beruht." Diese unterschiedlichen Machtbasen werden immer weiter differenziert.

Hannah Arendt meint, dass „Macht, wann immer Menschen sich zusammentun und gemeinsam handeln", entsteht.

In diesem Kapitel haben Sie allerhand Namen wichtiger Personen gehört. Da Ihnen aber möglicherweise nicht alle Namen ein Begriff sind, möchte ich an dieser Stelle noch einmal erwähnen, wer diese Herrschaften waren.

Spinoza
  * 24. November 1632,
    Amsterdam, Niederlande
  † 21. Februar 1677,
    Den Haag, Niederlande
	• Baruch de Spinoza
	• Niederländischer Philosoph
	• Sohn sephardischer Immigranten aus Portugal
	• Wird dem Rationalismus zugeordnet
	• Gilt als einer der Begründer der modernen Bibel- und Religions-kritik.

Hoff	• Andreas Hoff • deutscher Soziologe und Gerontologe

Kant
  *22. April 1724, Königsberg
  † 12. Februar 1804, Königsberg
	• Immanuel Kant
	• Deutscher Philosoph der Aufklärung
	• Zählt zu den bedeutendsten Vertretern der abendländischen Philosophie
	• Werk „Kritik der reinen Vernunft" kenn-zeichnet Wendepunkt in der Philosophie-geschichte und den Beginn der modernen Philosophie

Fichte
  * 19. Mai 1762, Rammenau
  † 29. Januar 1814, Berlin
	• Johann Gottlieb Fichte
	• Deutscher Erzieher und Philosoph
	• Gilt als wichtigster Vertreter des deut-schen Idealismus

Hegel
  * 27. August 1770, Stuttgart
  † 14. November 1831, Berlin
	• Georg Wilhelm Friedrich Hegel
	• Deutscher Philosoph
	• Wichtigster Vertreter des deutschen Idea-lismus

Müller * 1956 in Löhne, Westfalen	• Ulrich Müller • Deutscher Gymnasiallehrer und Philosoph

Marx
  * 5. Mai 1818, in Trier
  † 14. März 1883, in London
	• Karl Marx
	• Deutscher Philosoph, Ökonom, Gesellschaftstheoretiker, politischer Journalist, Protagonist der Arbeiterbewegung, Kritiker des Kapitalismus und der Religion

Engels
  * 28. November 1820, in Barmen (heute Stadtteil von Wuppertal) in der preußischen Provinz Jülich-Kleve-Berg
  † 5. August 1895, in London
	• Friedrich Engels
	• Deutscher Philosoph, Gesellschaftstheoretiker, Historiker, Journalist
	• Kommunistischer Revolutionär

Nietzsche
  * 15. Oktober 1844 in Röcken
  † 25. August 1900 in Weimar
	• Friedrich Wilhelm Nietzsche
	• Deutscher klassischer Philologe und Philosoph

Weber
  * 1. April 1864, Erfurt
  † 14. Juni 1920, München
	• Maximilian „Max" Carl Emil Weber
	• Deutscher Soziologe und Nationalökonom

Arendt
  * 14. Oktober 1906, Linden-Mitte, Hannover
  † 4. Dezember 1975, New York, Vereinigte Staaten
	• Hannah Arendt
	• Jüdische deutsch-US-amerikanische politische Theoretikerin und Publizistin

Bodin
  * 1530, Angers, Frankreich
  † 1596, Laon
	• Jean Bodin
	• Gilt als der erste französische Staatstheoretiker von Rang, als Begründer des modernen Souveränitätsbegriffes und mit seiner staatstheoretischen Schrift „Les six livres de la République" als ein früher Fürsprecher des Absolutismus.

Hobbes
  * 5. April 1588, Westport,
    Wiltshire
  † 4. Dezember 1679, Derbyshire,
    Vereinigtes Königreich
	• Thomas Hobbes
	• Englischer Mathematiker, Staatstheoretiker und Philosoph
	• Wurde durch sein Hauptwerk „Leviathan" bekannt
	• Gilt als Begründer des „aufgeklärten Absolutismus".

Machiavelli
  * 3. Mai 1469, Florenz, Italien
  † 21. Juni 1527, Florenz, Italien
	• Niccolò di Bernardo dei Machiavelli
	• Italienischer Philosoph, Diplomat, Chronist, Schriftsteller und Dichter
	• Aufgrund seines Werkes „Il Principe" gilt er als einer der bedeutendsten Staatsphilosophen der Neuzeit.

Marsilius von Padua
  * 1275, Padua, Italien
  † 1342, München
	• Italienischer Staatstheoretiker, Politiker und Publizist

Wilhelm von Auvergne
  * 1190, Aurillac, Frankreich
  † 1249, Paris, Frankreich
	• Scholastischer Philosoph und Theologe

Wilhelm von Ockham
  * 1285, Ockham, Vereinigtes Königreich
  † 10. April 1347, München
	• Berühmter mittelalterlicher Philosoph, Theologe und kirchenpolitischer Schriftsteller

Thomas von Aquin
  * 1225, Roccasecca, Italien
  † 7. März 1274, Italien
	• Italienischer Dominikaner, einer der einflussreichsten Philosophen, bedeutendste katholische Theologe

Thukydides
  * 454 v. Chr., Athen
  † 399/396 v. Chr., Athen
	• Griechischer Geschichtsschreiber und Stratege

Vilfredo Pareto * 15. Juli 1848, Paris, Frankreich	• Vilfredo Federico Pareto

† 19. August 1923, Céligny, Schweiz	• Italienischer Ingenieur, Ökonom und Soziologe • Gilt als Vertreter der Lausanner Schule der volkswirtschaftlichen Neoklassik • Machte sich als Begründer der Wohlfahrtsökonomik einen Namen

Kapitel 3: Eine Medaille hat nicht nur eine Seite

Wie bereits Kapitel zwei aufgezeigt hat, ist die Macht ein sehr großes Thema, welches die Menschheit immer wieder beschäftigt. Es spielt dabei keine Rolle, welches Alter ein Mensch hat, welcher Kultur er angehört, ob männlich oder weiblich, jeder Mensch möchte Macht haben.

Fragt man andere danach, wird vom Großteil aller Menschen die Antwort lauten: „Nein, ich brauche keine Macht und ich möchte sie auch nicht haben." Aber weshalb ist das so?

Der Grund dafür ist, dass man mit Macht fast immer etwas Negatives in Verbindung bringt. Wer mächtig ist, nimmt andere wie eine Kirchenmaus aus. Das wird auch in vielen Filmen, bei denen es Könige gibt, so dargestellt. Könige, welche die Steuern erhöhen und nicht darauf achten, wie es dem Volk damit geht, gelten als gemein.

Doch nicht nur die Filme mit den machtvollen und gemeinen Königen prägen diese Denkweisen, sondern auch die große Menge an Erfahrungen, die auch negativ sein können, welche ein Mensch in seinem Leben sammelt.

Sicher haben auch Sie schon einmal gehört, dass Menschen, die viel Macht haben, über Leichen gehen würden, reich sind, dafür aber einsam und allein zu Hause sitzen. Diese Beschreibung trifft auf keinen Fall auf Macht zu. Und damit kommen wir auch schon zum Thema dieses Kapitels: Eine Medaille hat immer zwei und nicht nur eine Seite. Wir sprechen nicht von Macht, sondern von Ohnmacht.

Diese Ohnmacht, von welcher der Betroffene wahrscheinlich gar nichts oder nur unterbewusst etwas weiß, lässt ihn glauben, mächtig zu sein. Und genau das erleben wir jeden Tag. Medien berichten davon, im Job erfahren wir das hautnah, aber auch zu Hause kann dies der Fall sein. Viele Menschen glauben, dass sie mächtig sind, weil sie höher als andere gestellt sind, doch eigentlich fühlen sie sich auf ihrem Posten sehr einsam. Die Macht hat nichts mit materiellen Dingen oder höheren Posten zu tun, sondern damit, wie man selbst als Mensch auftritt und von anderen wahrgenommen und angenommen wird. Eine Führungsperson, die von allen gefürchtet wird, glaubt mächtig zu sein, doch eigentlich stößt sie nur alle anderen von sich weg und ist einsam. Eine mächtige Führungsperson kann Empathie und Vertrauen ihren Mitarbeitern gegenüber aufbringen und sie optimal fördern. Die Ohnmacht ist also allgegenwärtig und lässt uns glauben, dass der Mensch Macht hat. Aus diesem Grund ist auch kein positives Bild von Macht vorhanden. Das führt dazu, dass sich der Mensch immer mehr an aggressiv verkleidete Ohnmacht gewöhnt und genau diese Ohnmacht beherrscht die Politik und auch die Wirtschaft.

Man kann auch sagen, dass dies eine billige Kopie der wahren Macht ist, oder man umschreibt diese Macht mit dem Wort Kontrollmacht. Jetzt fragen Sie sich vielleicht, wie man diese Macht von der Ohnmacht unterscheiden soll. Im Grunde ist das ganz einfach, denn die Ohnmacht ist sehr linear. Man kann die Kontrollmacht auch mit einer Leiter vergleichen, auf welcher die einzelnen Stufen zu vergeben sind. Wenn man oben sein möchte, muss man auch füreinander unten stehen. Je höher also eine Person kommt, desto weiter unten steht eine andere Person. Das nennt man auch eine Hackordnung und in dieser ist manchen Menschen alles recht, um an Macht zu kommen.

Die Person, die nun also hoch hinaus auf die Leiter will, wird über Beziehungen, Leistungen und mit jeder Menge Manipulation kämpfen, dass man dabei den anderen auf die Füße tritt, ist logisch. Es wird sogar noch mit ganz anderen Mitteln gekämpft, wenn diese nötig erscheinen, beispielsweise durch Intrigen. So schadet man anderen und sorgt dafür, dass man selbst weiter auf seiner Karriereleiter kommt. Für denjenigen, der Macht haben möchte, ist das wichtigste Ziel, dass er nach oben kommt.

Wahrscheinlich glaubt er, dass die Luft dort oben besser ist als unten. Wenn er tatsächlich die Leiter bis oben gehen konnte, wird er merken, dass auch er wieder unten steht, denn es gibt immer jemanden, der über uns steht. Das heißt, es geht noch weiter hinauf. Wenn ein Mensch scheinbar Macht hat, ergibt sich für einen anderen die Ohnmacht. Hier ist die Frage sehr interessant, wer wohl tatsächlich das Zepter in der Hand hält, denn wie schon erwähnt, ist das keine Macht, sondern Kontrolle und die Kontrolle ist sozusagen das Ebenbild der Ohnmacht. Hier kann es demnach keinen Gewinner geben.

Macht hat einen anderen Sinn. Macht soll keine Gewinner und Verlierer hervorrufen, sondern vielmehr etwas bewirken und ermöglichen können. Kommt es aber dazu, dass es keinen Gewinn gibt, so ist die Macht verfälscht. Menschen haben jede Menge Potenzial, doch wenn die falsche Macht am Werk ist, wird dieses Potenzial nicht ausgeschöpft, sondern bleibt verborgen. Um aus dieser Kontrollmacht herauszufinden, müssen die Beteiligten begreifen, dass es nicht um ein „Du oder ich" geht, sondern darum, wieder zueinanderzufinden und den Weg gemeinsam zu gehen. Schauen wir uns dazu doch einmal **zwei Beispiele** an:

1) Hannah und Maria sind beide Erzieherinnen. Die Kinder haben das Bauzimmer nicht ordentlich aufgeräumt und sind mit ihren Eltern nach Hause gegangen. Hannah hätte eigentlich Feierabend. Maria muss nun das Bauzimmer allein aufräumen. Hannah könnte einfach gehen, aber sie hilft Maria, denn geteilte Arbeit ist die halbe Arbeit. Beide stehen sich also nicht im Weg, sondern helfen sich gegenseitig.

2) Die Sonne scheint. Tina möchte in der Sonne sitzen und das schöne Wetter genießen. Lara würde am liebsten auch in der Sonne sitzen, doch sie möchte Tina keinen Platz wegnehmen. Tina bittet sie aber zu sich, denn auch wenn sie zu zweit in der Sonne sitzen, so bekommt doch jeder genug Sonne ab.

Wenn Hannah nun einfach nach Hause gegangen wäre, hätte sie Maria in dem Sinn im Weg gestanden, dass diese mit dem Aufräumen einiges an Freizeit verloren hätte. Und wenn sich Lara einfach vor Tina gestellt hätte, so hätte diese keine Sonne mehr abbekommen. Demzufolge kann nun das volle Potenzial ausgeschöpft werden, da es auch verfügbar ist.

Haben Sie vielleicht eine Führungskraft in Ihrem Büro oder Ihrer Einrichtung, die ständig damit prahlt, welch wichtigen Posten sie doch hat? Fühlen Sie sich dadurch schlecht oder sogar benachteiligt? Ich kann Ihnen an dieser Stelle direkt sagen, dass Sie sich nicht länger schlecht fühlen sollten, denn auch eine Führungskraft ist nur ein Mensch und keineswegs besser als andere. Sie mögen zwar am längeren Hebel sitzen, doch tatsächlich ist es so, dass auch ein Chef ein Mensch wie Sie und ich ist.

Wenn eine Führungskraft ohnmächtig ist und sich so verhält, wie ich es eben angeschnitten habe, dann stellt dies für alle ein Problem dar. Dies trifft wiederum auf alle möglichen Lebensbereiche wie Familie, Freunde oder auf die Arbeit, ja, sogar auf die ganze Welt zu. Die Ohnmacht des vermeintlich Mächtigen ist dann nicht länger nur seine Ohnmacht, sondern die aller. Und genau an diesem Punkt wird die Macht zu etwas Negativem.

Kapitel 4: Die äußere Macht wird durch die innere gestützt

Etymologisch kann man den Begriff Macht auf „magan", dies ist ein gotisches Wort, zurückführen. Hier ist die Fähigkeit gemeint, etwas bewirken zu können. Diese Fähigkeit ist weder positiv noch negativ, sondern neutral. Die positiven oder negativen Auswirkungen werden erst sichtbar, wenn der Machthabende handelt oder eben nicht. Ob die Macht tatsächlich eingesetzt wird, ist demzufolge ausschlaggebend, um die Auswirkungen bewerten zu können. Das Problem stellt also nicht die Macht dar, sondern der Mensch, welcher nicht gelernt hat, mit dieser umzugehen.

Aber wie lernt man, mit Macht umzugehen? Braucht ein Mensch positive Eigenschaften, um die Macht auch positiv nutzen zu können? Auf diese Fragen werden Sie im folgenden Text Antworten finden.

Erst einmal müssen wir unterscheiden, ob wir von der äußeren oder der inneren Macht sprechen. Ist von der äußeren Macht die Rede, sind jene Handlungen gemeint, welche wir als verändernd erleben. Hierzu gehören beispielsweise Machtformen wie Beziehungsmacht, Fachmacht oder auch Informationsmacht. Es ist normalerweise so, dass man einen Menschen, welcher die äußeren Formen der Macht innehat, als mächtig einstuft. Wer also eine Position innehat, gilt als mächtig. Demzufolge sind die äußeren Formen von Macht nicht das Potenzial der Person, sondern der Position. Ob der Machthabende auch tatsächlich in seiner Position mit der Macht umgehen kann, verraten uns die äußeren Formen nicht. Es ist die innere Macht, welche einen Menschen dazu befähigt, mit den äußeren Qualitäten auch angemessen umgehen zu können.

Die innere Macht eines Menschen ergibt sich aus den 7 Säulen der Macht, über welche wir später noch genauer sprechen werden. Die 7 Säulen sind:

Leidenschaft, Liebe, Kommunikation, Ethik, Wissen, Selbstkontrolle und Standfestigkeit. Wer diese Fähigkeiten in sich trägt, ist auch dazu in der Lage, mit den äußeren Formen von Macht umzugehen. Aus diesem Grund ist es wichtig, dass man lernt, die eigene innere Macht zu entwickeln, denn nur, wem dies gelingt, der kann auch mit den äußeren Kräften umgehen und diese regulieren.

Wenn wir uns einmal die Politiker ansehen, wissen wir, dass diese von vielen Menschen als sehr mächtig eingestuft werden und dass diese eigene Möglichkeiten haben, tatsächlich etwas bewirken zu können. Leider ist es aber so, dass sich viele Politiker eher als ohnmächtig präsentieren. Das wird deutlich durch die vielen Kriege, welche in der Welt geführt werden, um den Frieden zu bringen.

Wenn Sie diesen Satz gerade gelesen haben, werden Sie merken, dass die eigentliche Macht verfälscht ist. Denken wir doch einmal an die Kindererziehung: Wir sagen einem Kind doch auch nicht, dass es den anderen ebenfalls hauen sollen, weil dieser zuerst angefangen hat. Das ist kein Weg, der Frieden bringt. Und das, was uns auf der Welt präsentiert wird, wird von den meisten Menschen auch innerpsychisch so gehandhabt. Dinge, welche ich nicht will oder die nicht funktionieren, wie ich es wünsche, möchte ich loswerden und nicht mehr behalten. Doch seit vielen Jahren schon lehrt uns die Psychologie, dass uns die Dinge, welche wir wegschieben, früher oder später einholen, denn diese bleiben auf ungute Weise in unserem Unterbewusstsein hängen. Irgendwann kommen diese abgespaltenen Persönlichkeitsaspekte aber wieder zum Vorschein. Man spricht hier auch vom Terrorismus in der eigenen Psyche. Sie sehen also, dass eine solche Politik nicht funktionieren kann.

Kapitel 5: Wenn Mächtige ohnmächtig sind

Es ist nicht selten der Fall, dass man eine Führungskraft wortwörtlich ins kalte Wasser wirft. In vielen Berufen ist es so, dass jemand eine Beförderung erhält, ohne dass dieser Person zugesprochen wird, dass die Rolle einer Führungskraft völlig andere und eigene Anforderungen mit sich bringt, welche man zunächst kennenlernen müsste. Möglicherweise ist es so, dass hier das Wissen fehlt, was überhaupt eine Führung ist. Wie sonst kommen manche auf die Idee, jemanden zu befördern?

Dementsprechend weiß die neue Führungskraft auch nicht, welche Aufgaben sie überhaupt hat. Immerhin fehlt hier jegliche Vorbereitung für die neue Führungskraft. Und jetzt stellen Sie sich einmal vor, wie es Ihnen wohlergehen wird, wenn man Sie ins kalte Wasser wirft. Wenn ich sage, stellen Sie sich das einmal vor, dann meine ich, dass Sie sich dies tatsächlich bildlich vorstellen. Hinzu kommen die Menschen am Beckenrand, welche Ihnen dann Fragen zurufen, beispielsweise, weshalb Sie eigentlich nicht schneller schwimmen. Dann gibt es noch jene, welche Sie dazu auffordern werden, Ihren Kollegen, in diesem Fall nun jenen Menschen, die Ihnen unterliegen, endlich mal zu zeigen, wie man richtig schwimmt. Andere wiederum werden Ihnen zurufen, dass Sie nicht so viel Wasser schlucken sollen, denn immerhin muss gespart werden.

Fachlich gesehen haben viele Führungskräfte viel Potenzial, doch aufgrund der mangelnden Vorbereitung auf die neue Position, kann dieses Potenzial nicht optimal ausgeschöpft werden. Daher ist es nicht verwunderlich, dass in vielen Führungsetagen ohnmächtige Menschen arbeiten, die dennoch als mächtig eingestuft werden. Hier kann man sagen, dass der Mächtige ohnmächtig ist. Wenn wir nach der Ursache für dieses Problem suchen, müsste uns eigentlich klar sein, dass es das fehlende Wissen ist, welche Aufgaben tatsächlich von einer Führungskraft zu leisten sind. Es ist so, dass mindestens 70 % tatsächlich reine Führung sein sollte und die anderen 30 % das fachinhaltliche Arbeiten.

Dementsprechend ist es die Aufgabe einer Führungskraft, die Mitarbeiter so zu fördern und zu führen, dass diese fachlich gut arbeiten können. Ist es jedoch der Fall, dass die Führungskraft ebenfalls fachlich arbeitet, wird den Mitarbeitern diese Energie nicht ermöglicht. Die Mitarbeiter haben nicht die Möglichkeit, an ihren Aufgaben zu arbeiten, da dies die Führungskraft bereits übernimmt. So kann ein Team nicht optimiert werden. Ein großartiges Beispiel ist Folgendes: Stellen Sie sich doch einmal vor, dass ein Bürochef einer bekannten Autofirma nun plötzlich selbst einen Motor einbauen will. Hin und wieder mag das vielleicht lustig sein, doch dies sollte ein einmaliges Experiment bleiben. Jeder Mitarbeiter einer Firma hat sein eigenes Spezialgebiet.

Außerdem ist es so, dass man seine Mitarbeiter nicht viel weiter als sich selbst führen kann. Haben Sie gelernt, sich selbst zu führen? Durch Kontrollversuche und Manipulationen werden hier Schwächen ganz deutlich. Das ist jedoch für keinen förderlich, für Sie als Führungskraft nicht, aber auch nicht für Ihre Mitarbeiter. Sicherheit und Ohnmacht werden hier von beiden Seiten gespürt.

Tatsache ist, dass viele Vorgesetzte selbst wissen, dass sie den anderen zeigen, sie seien mächtiger, als sie es in Wirklichkeit sind. Nach außen zeigen sie sich als starke Persönlichkeit, innerlich sieht es aber ganz anders aus. Diese Menschen verspüren eine große Angst, dass dies erkannt wird. Um genau das zu vermeiden, legen sie sich ein cooles Image zu. Dieses kann jedoch schnell arrogant wirken, ist aber für denjenigen erst einmal wie ein Schutzschild. Man kann auch sagen, dass die harte Schale glänzt und man diese von Weitem leuchten sieht. Geht man jedoch näher heran, wird man erkennen, dass es im Inneren ganz anders ist.

Kapitel 6: Eine gute Führungskraft

Das ist eine Frage, die sich wahrscheinlich alle Personalchefs stellen. Was ist es, dass eine gute Führungskraft ausmacht? Doch leider sind die Antworten auf eben diese Frage oft enttäuschend. Diese Frage muss sowohl von der äußeren als auch von der inneren Macht beantwortet werden. Die äußere Macht benennt die Führungskraft. Diese ist auf fachlicher Ebene mit Wissen und Techniken zu erweitern. Die innere Macht hingegen bezieht sich auf die persönliche Reife. Diese wird durch die Entwicklung der eigenen Persönlichkeit verstärkt. Man könnte die Frage dementsprechend wie folgt beantworten: Eine gute Führungskraft ist jemand, der über persönliche Reife verfügt, mit welcher die äußere Macht reguliert werden kann. Wenn nun also die innere Macht eines Menschen gut entwickelt ist, wird von einer Führungspersönlichkeit gesprochen. Demnach ist eine gute Führungskraft immer eine Person, welche zu einer guten Führungspersönlichkeit geworden ist.

Doch es ist nun einmal so, dass die Technik alleine nicht genügend ist. Es ist nicht ausreichend, sich ohne Weiterbildung, sondern nur durch Erfahrung zu entwickeln. Das Motto „Learning by Doing" ist nicht länger tragbar und auch wenn man eine gute fachliche Ausbildung genossen hat, heißt es nicht, dass dies eine zuverlässige Grundlage ist, um ein Unternehmen voranzubringen.

Im Arbeitsprozess kann es zu Störungen kommen, beispielsweise durch mangelnde Kommunikation oder auch durch Konflikte. Und sicher haben auch Sie die Erfahrung gemacht, dass eben diese Störungen nicht vermieden werden können. Es ist zudem auch so, dass die Störungen eher beiseitegeschoben werden, als dass man gemeinsam konstruktiv daran arbeitet.

Auch eine Fachkraft, welche optimal ausgebildet ist, aber keinerlei Kenntnisse über ihre Verhaltensmuster hat, kann ihren Aufgaben nicht mehr gerecht werden. Um den Anfang in eine bessere Zukunft zu machen, wählen viele Unternehmen daher das „Assessment-Center" aus, eine Methode, mit welcher die Fachkräfte eingeschätzt werden können. Unternehmen, die mit der Zeit gehen, wissen, dass dies nur der Anfang ist und die Entwicklung einer Führungskraft weit mehr braucht als ein Training von Verhaltensmustern.

Die Entwicklung des Personals bedeutet auch Persönlichkeitsentwicklung und diese ergibt sich aus Selbsterfahrung. Demnach ist es nicht genügend, gewünschte Verhaltensweisen einzuüben. Es ist notwendig, dass man den Führungskräften dabei hilft, mit der emotionalen Realität umzugehen. Natürlich ist es so, dass sich Verhalten einüben lässt, aber dieses folgt den inneren Vorgängen. Und wie Sie sicherlich wissen, geschehen diese unbewusst und können kaum überprüft werden und doch bestimmen sie im Ernstfall, welches Verhalten man an den Tag legt.

Ich möchte ihnen ein **Beispiel** mit auf den Weg geben, welches die Theorie beschreibt.

Anja ist die Leiterin einer Kindertagesstätte. Sie ist klug und kompetent, wird geschätzt, sie ist gut ausgebildet und geschult. Sie weiß ganz genau, was ihre Aufgaben sind und wie sie diese am besten umsetzen kann.

Gleichermaßen kennt sie aber auch ihre Schwächen, und doch gehen manchmal die Emotionen mit ihr durch. Dann schafft sie es nicht, angemessen zu reagieren. Manchmal ist sie Situationen ausgesetzt, die sehr schwierig sein können. Eigentlich weiß sie, wie man reagiert, und doch klopft sie manchmal sprichwörtlich mit der Faust auf den Tisch.

In solchen Situationen sind ihre Mitarbeiter perplex und beschämt. Anja ist sich dessen bewusst, dass dies kein ordentlicher Umgang ist. Bei

---

verschiedenen Weiterbildungen hat sie daher immer wieder andere Verhaltensmöglichkeiten erprobt. Wenn sie sich wohlfühlt, funktionieren diese auch, hat sie aber einen schlechten Tag, fällt sie in die alten Verhaltensmuster zurück. Dass dies der Fall ist, bemerkt sie erst dann, wenn sie in die Gesichter ihrer Kollegen sieht.

Wie kann Anja nun aber lernen, nicht mehr in alte Verhaltensmuster zu fallen?

Es muss eine Person geben, welche sie danach fragt, woher sie dieses Verhalten überhaupt gelernt hat. Manchmal stecken dahinter peinliche Erlebnisse aus der Kindheit. Vielleicht war es der Vater, der immer auf den Tisch geklopft hat oder eine Person aus dem engen Freundeskreis. Wichtig ist, dass Anja genau das verstehen muss, um ihr eigenes Verhalten dauerhaft ändern zu können.

Wie man Probleme löst, lernt man nicht nur in Kommunikationsseminaren. Immerhin gab es in unserer Kindheit oft genug Probleme, bei denen wir uns machtlos fühlten und die wir doch irgendwie lösen mussten.

Haben Sie vielleicht schon einmal davon geträumt, wie es wäre, wenn Sie den Spieß einfach mal umdrehen könnten? Stellen Sie sich einmal vor, Sie wären dann die Person, welche auf den Tisch Haut und nicht umgekehrt.

Als Kind hat man solche Gedanken oft. Wenn man erwachsen ist, haben solche Gedankengänge jedoch eine weitaus größere emotionale Bedeutung. Die Lösungsansätze, welche man als Kind lernte, haben auch weiterhin eine emotionale Bedeutung, doch jene, die man als Erwachsener erlernt, haben eine kognitive Bedeutung.

Leider ist es so, dass unsere Energie im Bauch sitzt. Daher kommt auch der Ausdruck: „Ich entscheide aus dem Bauch heraus". Doch besser wäre es natürlich, Entscheidungen mit dem Kopf zu treffen. Mit diesem Beispiel von Anja und den weiteren Erklärungen möchte ich Ihnen zeigen, dass es nicht sinnvoll ist, ein ideales Verhalten anzustreben, welches Sie auf Dauer sowieso nicht beibehalten könnten. Ihre eigene Persönlichkeit ist es, welche sich immer wieder in den Weg stellen wird. Eine neu erlernte Technik kann nur so gut sein, wie die Person, welche die Technik erlernt hat. Wenn Sie also etwas an Ihrem Verhalten ändern möchten, ist es wichtig, eine Selbsterklärung zu machen.

Merken Sie sich, dass Technik und Selbsterklärung immer gemeinsam angewendet werden müssen, damit es funktioniert. Prägen Sie sich außerdem ein, dass es die äußere und die innere Macht gemeinsam braucht, denn auch diese unterstützen sich gegenseitig.

Wenn Sie eine gute Führungskraft sein wollen, ist es zunächst wichtig, dass Sie sich selbst besser kennenlernen. Natürlich ist es nicht immer einfach, aber Sie werden verstehen, dass es leichter für Sie wird, eine gute Führungskraft zu sein, wenn Sie sich selbst besser kennen.

Haben Sie sich besser kennengelernt, so können Sie auch Ihre eigenen Kompetenzen verbessern, was sich wiederum auch gut auf Ihre persönliche Situation auswirkt, ebenso auf Ihre Fähigkeit, Beziehungen zu führen. Und wenn all diese Bereiche gut funktionieren, wird es für Sie auch leichter, ein Team anzuführen. Der Unterschied besteht genau darin, ob Sie nur spielen, eine gute Führungskraft zu sein oder ob Sie tatsächlich eine sind. Sie werden schnell merken, dass Sie sich nicht länger damit befassen, ob Sie die richtigen Worte wählen, ob Ihre Körpersprache angemessen ist, Sie sind es einfach. Ihren Charakter müssen Sie dabei nicht verändern, aber Sie entwickeln ihn nur ständig weiter.

Kapitel 7: Ich-Zustand und die Persönlichkeit

Viele Menschen, die sich in einer Führungsposition befinden, möchten diese Position natürlich so gut wie möglich ausführen. Doch, ob sich deren Verhalten, wie sie ein Team führen, tatsächlich effektiv zeigt, hängt auch immer von deren eigener Person ab und wie diese ins Spiel gebracht wird. Sind Sie Führungskraft? Haben Sie sich vielleicht schon einmal gefragt, ob Sie Ihr Potenzial wirklich ausschöpfen? Dient es einem guten Miteinander, was Sie in das Team einbringen? Ehe Sie damit beginnen, Ihre Verhaltensmuster zu analysieren, sollten Sie zunächst die Strukturen Ihrer Persönlichkeit kennenlernen. Hierfür bildet das Ich-Zustandsmodell die Grundlage, um die Transaktion analysieren zu können. Mit diesem Modell, welches sich mit der menschlichen Persönlichkeit befasst, stellt man die Strukturen des Fühlens, Denkens und Verhaltens des Menschen dar und überprüft, ob dieses lebensnah und auch praxistauglich ist.

Es werden drei Ich-Zustände, welche sehr komplex sind, unterschieden. Und genau diese bilden auch die Grundstruktur der Persönlichkeit des Menschen. Das, was jeden Menschen individuell macht, ist, wie die einzelnen Zustände ausgeprägt sind und mit welcher Energie wir in einzelnen Situationen handeln.

Genau wie der Schneemann ist auch dieses Modell aufgebaut. Es besteht aus drei Kugeln. Der Kind-Ich-Zustand K bildet dabei die Basis. Jeder Mensch war einmal ein Kind und die Qualitäten, welche wir bereits als Kind hatten, bleiben uns erhalten. Dabei spielt es keine Rolle, wie alt wir mittlerweile sind. Befinden wir uns im Kind-Ich-Zustand K, ist unser Denken, Verhalten und unser Fühlen genauso wie in unserer Kindheit. Manchmal war man schüchtern, manchmal wild und verspielt und wieder ein anderes Mal waren wir von Dingen fasziniert. Kennen Sie das Sprichwort „Das Kind im Manne"? Genau das ist damit gemeint. Jeder hat ein inneres Kind, welches manchmal lacht oder weint, kreativ und intuitiv denkt oder spontan handelt, manchmal auch versucht, sein Gegenüber zu manipulieren. Stellen Sie sich einmal einen Mann mit Anzug vor, welcher auf dem Fußboden hockt, um ein Spielzeugauto in Gang zu kriegen. In solch einem Moment sehen Sie das Kind-Ich K in Aktion.

Jeder Mensch lernt als Kind von den Eltern oder anderen Erwachsenen in seinem Umfeld, wie es sich verhalten soll. Wenn wir dieses einmal rückwirkend betrachten, stand schon damals jemand über uns auf der Leiter. Die oberste Schneekugel ist daher das Eltern-Ich EL.

Jene Anweisungen, Regeln, Erlaubnisse oder auch Grundsätze, welche wir von unseren Eltern vermittelt bekamen, haben wir tief in unserem Eltern-Ich EL verinnerlicht. Man kann auch sagen, dass wir alles das, was wir in der Kindheit erlebten und gesagt bekommen haben, wie eine Kopie abgespeichert haben. Und all das ist auch jetzt beliebig oft abrufbar. Wir verhalten uns manchmal so, wie wir es bei unseren Eltern gesehen und gehört haben. Einiges davon haben wir nämlich unbewusst für uns gespeichert. In den passenden Situationen benutzen wir dieses Wissen fast schon automatisch, ohne es zu reflektieren. Vielleicht ist es auch Ihnen schon einmal so ergangen, dass Sie ein bestimmtes Verhalten nutzten, den Grund dafür aber gar nicht kannten. Und doch haben Sie sich genauso verhalten. Wenn man Sie fragen würde, warum, würde Ihre Antwort möglicherweise lauten: „Das macht man halt so". Wussten Sie, dass Wörter wie „sollte" oder „man" typische Eltern-Ich EL Worte sind? Ein typisches Verhalten für das Eltern-Ich EL könnte beispielsweise der Zeigefinger sein, welcher ausgestreckt wird.

Und wenn Sie sich jetzt vorstellen, dass es nur diese beiden Instanzen gäbe, wissen Sie, dass es nicht funktionieren kann, denn wenn Sie sich an Ihre Kindheit zurückerinnern, ist das, was Eltern und Kinder wollen, niemals das Gleiche.

Die Entscheidung, in welche Richtung es gehen könnte, liegt daher beim Erwachsenen-Ich ER. Hier spielen die Fragen, was wirklich sinnvoll ist oder was erledigt werden muss, eine wichtige Rolle.

Das Erwachsenen-Ich ER bildet dabei die mittlere Kugel unseres Schneemanns. Und weil sie in der Mitte liegt, kann man sie auch als Puffer bezeichnen, denn diese bringt die anderen beiden in Einklang miteinander. Durch unser Erwachsenen-Ich ER wird die Realität auch im Hier und Jetzt erlebt. Es ist uns so möglich, Informationen aufzunehmen und auch zu verarbeiten. Mit dieser Kugel können wir Zusammenhänge erkennen, etwas abwägen und schließlich unsere Schlussfolgerungen daraus ziehen. Das ist die Basis für unsere Entscheidungen.

Durch das Erwachsenen-Ich ER ist unser Verhalten logisch, sachlich und konsequent. Wahrnehmungen können wir beschreiben, Zusammenhänge können wir auch ohne Beteiligung erläutern. Sind wir jedoch selbst involviert, ist es schwer, das aufrechtzuerhalten. Man behauptet schnell, dass es eine Erwachsenenentscheidung ist, doch manchmal trifft dies gar nicht zu. An dieser Stelle kommt dann das Kind-Ich K zum Einsatz und denkt sich gute Gründe aus, um zu rebellieren. Wenn das Eltern-Ich EL aktiv ist, wird gemaßregelt. Befindet man sich im Kind-Ich K, behauptet jedoch etwas anderes, so handelt es sich um eine Trübung. Hier wird das Erwachsenen-Ich ER von einem der beiden anderen Zustände überlagert. So besteht eine sehr geringe Chance, dass man seine eigenen Aufgaben wirklich angemessen erfüllt.

7.1 DAS ELTERN-ICH

Für die Mitarbeiter wird es alles andere als angenehm, wenn sich eine Führungskraft aus dem Eltern-Ich heraus verhält. Eine Führungskraft weiß immer, was sie erreichen möchte. Das ist erst einmal noch nichts Schlechtes, doch wie in Kapitel drei bereits erwähnt, hat eine Medaille immer zwei Seiten.

Um ihr Ziel zu erreichen, kann die Führungskraft überbeschützend oder ebenso kritisch sein, dass sie ihr Ziel nicht erreichen wird. Führungskräfte, die überbeschützend sind, neigen dazu, ihren Mitarbeitern alle wesentlichen Dinge abzunehmen und sie selbst auszuführen. Dabei wollen sie nur eines erreichen, nämlich ihre eigenen Fähigkeiten zu schützen. Dementsprechend werden aber die Mitarbeiter klein gehalten. Sie bekommen keine Chance, sich selbst zu verwirklichen und Erfahrungen zu sammeln. Das will sich keiner gefallen lassen. Daher werden die Mitarbeiter dagegen ankämpfen. Manche Mitarbeiter passen sich jedoch dem Verhalten der Führungskraft an und leider ist es dann so, dass diese irgendwann wirklich glauben, sie könnten gewisse Dinge einfach nicht erfüllen. Daraus folgt, dass sie selbst weniger effektiv arbeiten.

Es gibt allerdings weitaus mehr überkritische Eltern-Ich-Führungskräfte. Man erkennt diese daran, dass sie mit Freude ihre Mitarbeiter kritisieren und sogar unterdrücken, was natürlich nur zu deren Wohl geschieht. Die überkritischen Eltern-Ich-Führungskräfte sind fest davon überzeugt, dass sie die wichtigste Person im Unternehmen sind und nur ihre Entscheidungen zählen. Jene Mitarbeiter, die sich diesen Führungskräften nicht aussetzen wollen, verlassen diese Arbeitsstelle recht früh oder verstummen. Keiner der anderen Mitarbeiter wird Eigeninitiative an den Tag legen oder Eigenverantwortung tragen, denn sie haben das Ziel, den Arbeitsalltag unter diesen Führungskräften zu überleben.

Die Führungskraft hat die Pflicht, die Mitarbeiter zu fördern und ihnen in schweren Zeiten Mut zu machen sowie Vertrauen in deren Fähigkeiten zu haben. Es liegt auf der Hand, dass eine Eltern-Ich-Führungskraft, ob überkritisch oder überbeschützend, diese Aufgabe nicht erfüllen kann. Die Mitarbeiter werden also nicht unterstützt oder gefördert. Da die Mitarbeiter einen Streit jedoch vermeiden wollen, immerhin denken viele, dass man einem Chef Respekt entgegenbringen muss und diesem vor höheren Instanzen eher geglaubt wird, sagen sie nichts und lassen sich von der Führungskraft gängeln. Die Folge davon ist ein passiver Widerstand und der Verlust von

Mündigkeit. Jeder Mitarbeiter, der einer solchen Führungskraft ausgesetzt ist, möchte nur wegkommen.

7.2 DAS KIND-ICH

Wer eine Führungskraft hat, welche hauptsächlich aus dem Kind-Ich handelt, der hat es ebenso schwer. Natürlich mag es schön sein, einen Chef zu haben, welcher sich wie ein guter Freund verhält, doch es kann ebenso schwierig werden. Führungskräften, welche aus dem Kind-Ich handeln, fällt es sehr schwer, Entscheidungen zu treffen. Es liegt ihnen, sehr spontan zu handeln. Für die Mitarbeiter ist das sehr anstrengend. Sie fragen sich, warum? Stellen Sie sich doch einmal vor, Ihr Chef sagt etwas und das ganze Team ist darauf eingestimmt, doch am nächsten Tag gilt davon kein Wort mehr. Übermorgen weiß dieser gar nicht mehr, dass er das überhaupt gesagt haben soll und es wird wieder etwas ganz anderes von Ihnen und Ihren Kollegen gefordert. Das wünscht sich niemand.

Kind-Ich-Führungskräfte tragen ihre Launen zudem gern nach außen und lassen die Mitarbeiter diese auch sehr oft spüren.

Kinder sind manchmal sehr schüchtern und zurückhaltend. Eine Kind-Ich-Führungskraft kann dies in gewissen Situationen ebenfalls sein. Es kommt nicht selten vor, dass diese auch abwartet, was wohl die höhere Instanz zu sagen hat. Dabei ist es die Aufgabe einer Führungskraft, für ihre Mitarbeiter als Vorbild zu fungieren. Sie muss außerdem dazu in der Lage sein, Entscheidungen treffen zu können. Wenn die Führungskraft all das nicht kann, wird es für das ihr unterstellte Personal schwierig und kann zu enormem Frust führen.

Wenn man eine Kind-Ich-Führungskraft hat, wird schnell klar, dass diese mit der ihr zugeteilten Verantwortung und der Führung eines Teams nicht zurechtkommt. Das führt wiederum dazu, dass die Mitarbeiter die Führung zu übernehmen versuchen, denn irgendwie muss der Betrieb ja laufen. Daraus entstehen sehr schnell Aggressionen. Das Verhältnis zwischen dem Personal und der eigentlichen Führungskraft ist dabei ohnehin schon alles andere als optimal. Es ist daher auch nicht verwerflich, dass ein Team dann versucht, eine solche Führungskraft loszuwerden.

7.3 DAS ERWACHSENEN-ICH

Wenn eine Führungskraft tatsächlich etwas von ihren Aufgaben versteht und diese problemlos meistert, dann liegt das daran, dass ihr Erwachsenen-Ich ohne jegliche Trübung ist. Diese Führungskraft ist dazu in der Lage, alle drei Ich-Zustände binnen Sekunden zu durchlaufen und diese auch zu steuern.

Einer solchen Führungskraft ist es möglich, ihre innere Rebellion zu bemerken und sich dann bewusst aus dem Kind-Ich-Zustand K in den Erwachsenen-Ich-Zustand ER zu lenken. Nur so kann sie den Anforderungen, welche auf sie als Führungskraft warten, auch gerecht zu werden.

Damit dies auch umgesetzt werden kann, ist die Kenntnis der persönlichen Ich-Zustände wichtig. Außerdem muss die Führungskraft auch dazu in der Lage sein, sich selbst zu kontrollieren. Nur so kann sie tatsächlich vermeiden, dass sie sich der Rebellion, welche ihr Kind-Ich-Zustand K in ihr auslöst, hingibt. Wenn man erreichen möchte, dass man sich selbst kontrollieren kann und sich selbst auch besser kennt, ist das Training dazu wichtig, aber auch die Selbstklärung.

Kapitel 8: Emotionale Erwartungen an Führungskräfte

D ie Führung eines Betriebs ist für jeden Mitarbeiter so ähnlich zu betrachten wie eine elterliche Person. Sie sind über uns gestellt und sagen uns, was wir zu tun haben, so wie auch schon unsere Eltern es taten. Als Kind sammelt man dementsprechend Erfahrungen, wie es ist, geführt zu werden. Diese Erfahrungen begleiten uns ein ganzes Leben lang. Hat man eine Arbeitsstelle gefunden, so ist fortan die Führungskraft „die große Person", welche über einem steht. Die Mitarbeiter sind „die Kleinen". Wir alle haben unterschiedliche Erfahrungen in unserem Elternhaus gemacht. Je nachdem, welche das sind, werden wir uns auch im Arbeitsverhältnis geben. Jeder Mensch wird sich dann so verhalten, wie er es als Kind tat, und sich der Führungskraft gegenüber so zeigen, wie er sich den Eltern gegenüber zeigte. Da auch die Führungskräfte unterschiedlich sind, werden die alten Muster der Beziehung neu aufgelegt. Der Mitarbeiter erwartet erst einmal, dass sich auch die Führungskraft so verhalten wird, wie es damals die Eltern taten. Dementsprechend verfällt der Mitarbeiter zunächst in das Kind-Ich K. Dann kommt es darauf an, wie stark die Führungskraft darauf reagiert. Reagiert diese stark darauf, wird sich der Mitarbeiter in seinem Unterbewusstsein im Kind-Ich-Verhalten bestärkt fühlen.

Und auch, wenn die Führungskraft noch so fürsorglich ist oder so streng etwas fordert wie der eigene Vater, so wird der Mitarbeiter dennoch aus dem Kind-Ich K reagieren. Der Grund dafür ist, dass er auf emotionaler Ebene genau dort bestärkt wird. Dementsprechend kann der Mitarbeiter keine Eigenverantwortung übernehmen oder eigeninitiativ handeln.

Oftmals fragen sich Führungskräfte, was mit den Mitarbeitern los ist, und ziehen Vergleiche zu deren Privatleben, welches sie doch sonst geregelt bekommen. Natürlich ist es so, dass jeder Mensch sein Privatleben auf die Reihe bekommt, jeder auf seine Weise. Daher sollte die Frage hier wohl eher lauten, wie man eine gesunde Beziehung zueinander aufbauen kann. Eine Führungskraft muss daher herausfinden, was sie dazu beiträgt, wenn sich einer ihrer Mitarbeiter im Kind-Ich befindet und auch dortbleibt.

Eine weitere Aufgabe der Führungskraft ist es, in dieser Hinsicht voraus zu sein. Die Führungskraft muss das Missverhältnis zwischen beiden Parteien erkennen können. Wenn es der Führungskraft also gelingt, und sie zudem auch erkennt, dass der Mitarbeiter sich im Kind-Ich-K sieht, muss es für sie trotzdem möglich sein, aus dem Erwachsenen-Ich ER zu handeln.

Wenn sich die Führungskraft aus dem Erwachsenen-Ich ER heraus verhält, so wird es auch das Erwachsenen-Ich ER bei Mitarbeiter ansprechen. So kann sich der Mitarbeiter auch mit all seinen Kompetenzen einbringen. Das ist der Weg, um eine eigenständige Mitarbeit und das Mitdenken zu fördern. Wenn der Führungskraft dies gelingt, wird sie von ihrem Mitarbeiter sehr großzügig belohnt, denn dieser zeigt dann, dass er eigenverantwortlich handeln kann, legt Eigenmotivation an den Tag und handelt eigeninitiativ.

Kapitel 9: Der Archetypus

Manche Mitarbeiter sprechen der Führungskraft unterbewusst und ganz automatisch eine Elternposition zu. An dieser Stelle wird es sehr spannend, denn dieses geschieht, auch wenn es unterbewusst ist, zu einem ganz bestimmten Zweck.

Es stellt sich hier die Frage, was man von einer Führungsposition ganz tief im Inneren überhaupt erhofft. Diese innere Hoffnung entspricht dem inneren Bild, welches man von einer Person hat. Dieses Bild wird auch der Archetypus genannt. Eine andere Erklärung dafür lautet: Es sind die Motive, welche die menschliche Seele hat. Diese gibt es in allen Kulturen und bei jedem Menschen. Egal, ob in Wünschen, Träumen oder Handlungen, diese Vorstellungen lassen sich immer wieder beobachten.

Oftmals ist es so, dass man denkt, jeder Mitarbeiter würde nur für das Geld arbeiten. Doch wenn wir mal ehrlich sind und die Augen öffnen, arbeiten die Menschen auch für Anerkennung. Diese Anerkennung kann zum Beispiel als Rückmeldung bezüglich der gebrachten Leistungen oder auch Anerkennung für bestimmte Rollen betrachtet werden. Jeder Mensch hat das Grundbedürfnis, dass andere Menschen eine bestimmte Rolle in seinem Leben erfüllen. Jeder Mensch hofft insgeheim, dass er auf eine Person treffen wird, welche den eigenen Vorstellungen entspricht. Die Führungsperson nimmt eine dieser Rollen ein. Eine Führungsperson entspricht dem Archetyp Mentor.

Betrachten wir einmal das Wort „Mentor" genauer. Telemachos, der sich auf einer langen Reise befindet, wird beispielsweise von einer Figur begleitet, die ihn beschützt und den Namen Mentor trägt.

In dieser Geschichte wird der Archetypus oftmals als Weiser oder Ratgeber gesehen. Seine Figur steht für Reife und Wissen. Er unterstützt den jungen Reisenden auf seinen Abenteuern und dabei, sein eigenes Leben zu meistern.

Wenn wir diesen Mythos mit dem normalen Leben vergleichen, ist jeder Mitarbeiter sein eigener Held. Jeder besteht sein Leben auf eigene Weise. Dabei wünschen sich alle eine Person an ihrer Seite, welche schützend und unterstützend agiert. Ein Mentor soll dabei auf den weiteren Weg vorbereiten, etwas lehren, den anderen trainieren und auch auf die Probe stellen. Das gibt jedem Menschen Vertrauen und hilft dabei, die eigenen Ängste zu überwinden.

Es ist normal, dass jeder Mitarbeiter Schwächen hat. Diese werden durch die Stärken des Führenden ausgeglichen. Der Mitarbeiter bekommt durch seine Führungskraft die Energie, welche ihm fehlt, um die eigenen Aufgaben tatsächlich bewältigen zu können. Zudem verhilft die Führungskraft auch dabei, dass sich die Mitarbeiter weiterentwickeln können. Auch hier wird wieder deutlich, dass die Führungskraft ihre Mitarbeiter gleichermaßen unterstützen sollte.

Ein positives inneres Bild des Mitarbeiters ist daher für die Führungskraft von großer Bedeutung. Man kann auch sagen, dass dies eine Imago ist, welche dem Optimal-Zustand vom Mitarbeiter entspricht. Wenn es tatsächlich so ist, dass die Imago ihre Aufgaben erfüllen kann und sich weiterentwickelt, so kann das auch dieser Mitarbeiter. Wenn eine Führungskraft ihre Mitarbeiter begrenzt sieht, so führt das dazu, dass diese durch die Führungskraft gebremst werden. Es wäre ein täglicher Kampf, um sich dennoch weiterentwickeln zu können, denn der Mitarbeiter wird dieses spüren. Wenn einem andere Personen nichts zutrauen, wird es noch viel schwerer, sich selbst etwas zuzutrauen. Die Rolle eines Mentors kann sich also einerseits schützend auf den Mitarbeiter auswirken, andererseits kann sie aber auch gefährlich sein. Ein Mentor sollte seine Mitarbeiter motivieren und inspirieren. Wenn man in einer Mentor-Rolle ist, sollte man den Mitarbeiter führen und trainieren können. Das wird dem Mitarbeiter im Leben und auch bei der Arbeit sehr gut bekommen.

Es ist so, dass dieser archetypischen Figur eine sehr starke Suggestivkraft * haben. Und leider wird das viel zu oft ausgenutzt. Eine Person, welche eher bewusstseinsschwach ist, wird sehr schnell auf Manipulationen hereinfallen.

Adolf Hitler war beispielsweise einer dieser pervertierten Mentoren. Es lässt sich auch sagen, dass er ein tyrannisches Ungeheuer war, welches versucht hat, die eigene Ohnmacht, in welcher er sich befand, zu verstecken. Dazu nutzte er die Kontrollmacht.

Typisch für solche Tyrannen ist, dass sie gierig nach Kontrollmacht sind und alles an sich reißen. Der Schaden, welchen sie damit anrichten, ist sehr groß. Das bezieht sich auf deren ganzes Einflussgebiet, beispielsweise den Haushalt, ein Unternehmen oder nur eine Abteilung. Es spielt dabei keine Rolle, wie gut die Geschäfte funktionieren. Das Ich des Tyrannen ist sehr aufgebläht. Für dessen Umwelt, aber auch für ihn selbst, ist das ein Fluch. Durch seine Angst ist er immer gehetzt und auf dem Sprung, denn er muss versuchen, Aggressionen zurückzuschlagen. Wird ihm das nicht gelingen, wird man erkennen, wie unkontrolliert raffgierig er doch ist. Man kann auch sagen, dass er sich selbst terrorisiert. Tyrannen glauben manchmal, sie würden gute Absichten verfolgen, aber eigentlich ist es so, dass sie Unheil bringen.

Und genau das, was ich eben beschrieben habe, ist oftmals das Bild, welches Menschen von machthabenden Personen oder gar der Macht selbst haben.

---

*(das Vermögen, das Potenzial oder die Fähigkeit eines Mediums oder einer Darstellung, das Denken, Fühlen, Wollen oder Handeln einer Person suggestiv zu beeinflussen)

Doch es gibt auch positive Mentoren, beispielsweise Gandhi oder der Dalai Lama. Auch diese beiden haben Massen mobilisiert. Viele Dinge, welche diese gereiften Persönlichkeiten an den Tag legen, lassen sich mit dem Vorbild vergleichen, nachdem sich jeder Mensch sehnt: Ein Mentor, welcher Sinn bringt sowie Stärke und Weisheit vermittelt. Dem Urbild einer Führungspersönlichkeit entsprechen diese beiden sehr. Jeder Mensch, welcher seinen eigenen Weg geht, kann ein Mentor werden.

9.1 DIE ARCHETYPEN NACH JUNG

Er gilt als der berühmteste Dissident der klassischen Psychoanalyse. Anfangs befasste er sich mit Freud, doch irgendwann begann er dann, eigene Vorstellungen bezüglich des kollektiven Unbewussten zu entwickeln. Wer sich bereits mit Jung befasst hat, wird wissen, dass diese teilweise revolutionär waren. Jung stellte auch eine Theorie über den Archetypen auf. Laut ihm gibt es viele verschiedene. Zwölf davon möchte ich Ihnen genauer vorstellen.

Er studierte dafür verschiedene Kulturen, ganz besonders deren Mythen und Symbole. Das, was die folgenden zwölf Archetypen repräsentierten, sind Verhaltensmuster. Diese machen unterschiedliche Seins-Formen aus. Zudem existieren sie auch als Bilder oder kulturelle Symbole im kollektiven Unterbewussten.

„Man wird nicht erleuchtet, indem man sich Lichtfiguren vorstellt, sondern indem man sich die Dunkelheit bewusst macht. Das letztere Verfahren ist jedoch unangenehm und daher nicht sonderlich beliebt." –
Carl Gustav Jung

In seiner Definition wird deutlich, dass die zwölf Archetypen Bilder erschaffen, welche eine emotionale Bedeutung für uns Menschen haben. Diese sollen den Vorgang unseres Lebens zum Ausdruck bringen. Mit anderen Worten lässt sich sagen, dass die Archetypen unser Unbewusstes widerspiegeln und durch welche die besonderen Eigenschaften, die alle Menschen besitzen, definiert werden.

Der Weise

Er ist ein Freidenker, dessen Verstand und Wissen seinen Lebensgrund darstellen. Mit dieser Basis möchte er die Welt und sein Dasein verstehen. Dazu benutzt er seine analytischen Fähigkeiten und seine Intelligenz. Egal, in welcher Situation er sich befindet, ihm fällt immer ein passendes Zitat oder ein logisches Argument ein.

Der Unschuldige

Wahrscheinlich hat er jedes Selbsthilfebuch gelesen. Den Inhalt hat er förmlich in sich aufgesogen, denn er ist stets optimistisch und immer auf der Suche nach Glück. In jedem und allem sieht er das Gute. In seiner Umwelt möchte er sich wohlfühlen. Gleichermaßen möchte er aber auch dazugehören und anderen Menschen gefallen.

Der Entdecker

Er gilt nicht als wagemutiger Reisender. Er ist immer offen für Neues und geht seinen Weg, ohne ein klares Ziel vor Augen zu haben. Neue Orte zu erkunden und etwas über sich selbst in Erfahrung zu bringen, sind seine großen Leidenschaften. Allerdings strebt er auch nach Perfektion, weshalb er nie zufrieden ist.

Der Herrscher

Er gilt als der klassische Anführer. Seiner Auffassung nach ist er derjenige, welcher immer die Führung übernehmen sollte. In seiner Meinung und seinem Handeln ist er sehr standfest. Sein Ziel ist es, dass jeder seinem Beispiel folgt. Für ihn gibt es sehr viele Gründe, weshalb alle Menschen ihm zuhören sollten. Da er sehr begierig ist, kann der Herrscher auch sehr schnell zum Tyrannen werden.

Der Schöpfer

Er liebt das Neue und hat ein sehr tiefes Verlangen nach Freiheit. Dinge zu verändern, damit er etwas Neues schaffen kann, ist eine weitere große Leidenschaft von ihm. Er ist klug und autark. Seine stetige gute Laune und sein Einfallsreichtum zeichnen ihn aus. Manchmal wäre es besser, wenn er über die Dinge genauer nachdenken würde, bevor er tatsächlich aktiv wird.

Der Pfleger

Wenn er sich mit seinen Mitmenschen vergleicht, fühlt er sich auf mentaler Ebene stärker. Den Menschen in seinem Umfeld bietet er mütterlichen Schutz. Da er die Menschen, welche ihm nahestehen, beschützen möchte, versucht er immer wieder, Gefahren und Risiken zu verhindern, welche seine Mitmenschen beeinträchtigen könnten. Es kann aber auch in Extremfällen dazu führen, dass er sich in einen Märtyrer verwandelt, um den anderen Menschen zu zeigen, welche Opfer er bereits gebracht hat.

Der Magier

Seine Denkweisen gleichen denen eines großen Revolutionärs. Sein Umfeld erneuert er nicht nur für sich, sondern auch für andere. Er bleibt nicht auf einer Stelle stehen, sondern verändert sich ständig. Negativ an diesem Typen ist, dass seine Stimmung sich ganz leicht auf andere übertragen lässt. Hat er beispielsweise schlechte Laune, wird es nicht lange dauern, bis auch die anderen Menschen in seinem Umfeld schlecht gelaunt sind.

Der Held

Ein Held möchte Macht und darauf ist auch sein Leben ausgerichtet. Seine Widerstandskraft und seine Vitalität sind sehr ungewöhnlich. Mit beiden kämpft er um Macht und Ehre. Für ihn kommt alles infrage, um nicht zu verlieren. Es ist auch so, dass er niemals aufgibt, weshalb er auch nicht verliert. Leider ist es so, dass er hin und wieder zu ehrgeizig ist und zu kontrollierend.

Der Rebell

Dieser Typ wird immer wieder die Grenzen überschreiten. Für die Meinung anderer interessiert er sich nicht. Viel lieber provoziert er andere. Man kann auch sagen, dass er gegen den Strom schwimmt. Unter Druck gesetzt zu werden oder durch andere beeinflusst zu sein, möchte er nicht. Leider kann er sehr selbstzerstörerisch werden.

Der Liebhaber

Er ist Herz und Sensibilität zugleich. Die Liebe ist für ihn das Größte und somit überschüttet er andere mit Zuneigung. Für ihn ist es das größte Glück, sich geliebt zu fühlen. All das, was seinen Sinnen gefällt, genießt er in vollen Zügen. Er legt sehr viel Wert auf Schönheit.

Der Narr

Er lacht gern über sich selbst und trägt keine Masken. Sein großes Talent ist es, die Fassaden der anderen Menschen einzureißen. Sich selbst nimmt er niemals ernst, denn sein Ziel ist es, das Leben in vollen Zügen zu genießen. Leider kann er aber auch sehr faul oder gierig sein.

Die Waise

Dieser Typ hat viele offene Wunden. Oftmals fühlt er sich betrogen und ist enttäuscht. Von anderen Menschen erwartet er, dass diese sein Leben in die Hand nehmen. Er zieht sich zurück, wenn er bemerkt, dass sich niemand um ihn kümmert. Mit Menschen, welche genauso fühlen wie er, verbringt er gern Zeit. Seine Opferrolle kann er sehr gut spielen und weist jegliche Schuld von sich. Er ist sehr talentiert darin, andere zu manipulieren.

Kapitel 10: Integrierte Persönlichkeit

Wenn wir von einer gereiften Persönlichkeit sprechen, ist das Ideal der eigenen Persönlichkeit gemeint, welches jeder Mensch erreichen will. Die gereifte Persönlichkeit ist, mit anderen Worten gesagt, eine integrierte Erwachsenenhaltung. Eine natürliche Offenheit und ein gewisser Charme sind die Kennzeichen dieser. Auch bei Kindern, die sehr unbefangen sind, kann man eine solche Persönlichkeit beobachten. Doch die gereifte Persönlichkeit hat auch noch andere Qualitäten: Ernsthaftigkeit, Mut und Zuverlässigkeit. Wenn eine Führungskraft eine gereifte Persönlichkeit ist, kann sie mit ihrer positiven Ausstrahlung überzeugen und hat zudem ein sehr hohes soziales Verantwortungsgefühl. Betrachtet man die Maßstäbe der humanistischen Psychologie, so kann man diese gereifte Persönlichkeit auch mit einer reifen Person gleichsetzen.

Es ist leider so, dass es eine solche Persönlichkeit nur sehr selten gibt. Wenn man diese erkennen möchte, muss man darauf achten, was geschieht, wenn jemand den Raum betritt.

Beispiel: Eine Kindergartenerzieherin betritt den Gruppenraum und sofort scharen sich alle Kinder um sie herum und auch die Kollegen, welche sich im Raum befinden, wollen dieser Erzieherin sehr nahe sein und von ihr lernen.

„Ein entwickeltes Herz ist merkwürdig ruhig und gelassen."

14. Dalai Lama

Eine integrierte Führungspersönlichkeit ist nach der Lehre des 14. Dalai Lamas also eine Person, welche spürbare Ruhe in sich trägt. Man kann auch sagen, dass sie der Fels in der Brandung ist. Eine solche Person weiß immer, wann und was von ihr gebraucht wird. Diese Person spielt das nicht, sie ist echt. Die unglaubliche Ausstrahlung dieser Persönlichkeit erhellt sprichwörtlich gesehen auch die letzten Reihen in einer Halle.

Ist eine Person tatsächlich gereift, so werden sich alle anderen Personen nach dieser richten. Der Grund dafür ist, dass ebendiese Person sehr wichtig für sie selbst sein kann. Sie bietet Orientierung und weiß, wovon sie spricht. Jeder Mensch hat den Wunsch, einmal einer solchen Person zu begegnen und von ihr lernen zu können. Es stellt sich die Frage, wie man zu einer integrierten Persönlichkeit wird. Auch das möchte ich Ihnen nicht vorenthalten.

Bleiben wir zunächst bei dem Wort Integration. Jeder Mensch hat unangenehme Persönlichkeitsanteile oder Eigenschaften, die unliebsam sind, aber man kann sie nicht dauerhaft unterdrücken. Wer das versucht, wird schnell merken, dass die unterdrückten Eigenschaften und Persönlichkeitsanteile sowie Wünsche einen regelrechten Terrorismus im Inneren veranstalten.

Wenn wir jetzt wieder auf den Begriff Integration zurückschauen, werden Sie verstehen, dass es wichtig ist, auch die negativen Eigenschaften zu akzeptieren. Wenn man positive und negative Eigenschaften gleichermaßen akzeptiert, wird eine Integration oder Zusammenarbeit möglich sein. Mit anderen Worten gesagt, beginnt dann ein Verschmelzungsprozess. Wortwörtlich gesehen, setzen sich dann alle Aspekte der Persönlichkeit an einen Tisch, um das Miteinander für die Zukunft zu planen. Dabei hat jeder Aspekt auch seine eigenen Rechte und jeder Anteil seinen Platz. Alle Beteiligten werden erkennen, dass es nur gemeinsam geht, wenn sie erfolgreich sein wollen. Jeder ist ein gleichberechtigter Partner bezüglich der Kooperation und kann seine Vorteile und Nachteile einbringen. Sie können sich an dieser Stelle merken, dass der Effekt umso größer ist, je teamfähiger die einzelnen Persönlichkeitsanteile sind.

Wenn Sie also zu einer integrierten Persönlichkeit werden wollen, müssen Sie bereit sein, sich so zu akzeptieren, wie Sie sind. Es gibt viele Philosophen, welche meinen, dass in jedem Menschen ein Friedensengel lebt, aber auch ein Mörder.

Schatten und Licht existieren immer beide. Wenn man also versucht, die eigenen Schattenseiten zu verdrängen, werden auch die positiven Eigenschaften immer mehr reduziert. Wenn nun doch die eigenen Schattenseiten akzeptiert werden, zehren auch die positiven Lichtseiten davon. Nur so kann das komplette Potenzial ausgeschöpft werden. Außerdem hat man selbst mehr Energie zur Verfügung, da man diese nun nicht mehr in den Widerstand investieren muss.

Kapitel 11: Persönlichkeitsentwicklung

Kennen Sie das Gefühl, eine gute Idee zu haben, wie etwas weitergehen kann, und doch sind Ihnen im wahrsten Sinne des Wortes die Hände gebunden? Man befindet sich förmlich in einem Ohnmachtszustand, denn unschöne Erfahrungen, Vorurteile oder auch unschön formulierte Sätze blockieren uns in unserem Handeln.

Wenn wir jetzt von Persönlichkeitsentwicklung sprechen, bedeutet das, dass all diese negativen Verwicklungen wieder gelöst werden müssen.

Stellen Sie sich einmal vor, alle negativen Erfahrungen wären ein Seil. Und all diese Seile hätten sich zu einem riesengroßen Knall verknotet. Wenn dieses nicht gelöst wird, kann es nicht weitergehen. Die Seile müssen also voneinander getrennt werden, denn erst dann können Sie sich weiterentwickeln.

So ist es auch mit unseren negativen Erfahrungen: Wenn man diese löst, hat man die Hände wieder frei. Somit besteht die Möglichkeit, dass sich unser Arbeitsalltag und der Alltag allgemein zum Positiven wenden. Jetzt haben Sie die Fähigkeit, Probleme entschlüsseln und Menschen lesen zu können. Vorher war beides nicht greifbar. Jetzt haben Sie frischen Wind und Motivation. Es wird Ihnen außerdem möglich sein, guten Kontakt zu Ihren Kollegen aufzubauen, aber auch die notwendige Distanz zu bewahren. Auf diese Art und Weise sorgen Sie dafür, dass Sie privat nicht angreifbar sind. Und wenn es viele Dinge gab, welche Sie zuvor tief in Ihrem Inneren aufgeregt haben, können Sie diese nun ganz gelassen angehen. Probleme erfahren einen souveränen Umgang und werden nicht mehr mit nach Hause genommen, um sie am Abend ausführlich zu reflektieren.

Merken Sie sich zudem auch, dass es besser ist, sich nur um die eigenen

Dinge zu kümmern und nicht um die privaten Sorgen der Mitarbeiter. Natürlich ist es möglich, dass Sie sich um die Sorgen Ihrer Mitarbeiter kümmern und bemühen, aber das ist zeitaufwendig und raubt Ihnen jede Menge Energie. Zeit und Energie, welche Sie für sich selbst viel besser gebrauchen könnten. Finden Sie heraus, welche Anteile Sie an den Problemen des Mitarbeiters tragen. Wenn Sie das schaffen, werden Sie merken, wie einfach es ist, Mitarbeiter zu führen.

Wenn wir von den sieben Säulen der Macht sprechen, ist damit ein ganzheitliches Konzept gemeint, welches zur Persönlichkeitsentwicklung beiträgt. Im nächsten Kapitel werden wir uns diese sieben Säulen genauer ansehen.

Kapitel 12: Die sieben Säulen der Macht

D as Fundament einer jeden Persönlichkeit sind die sieben Säulen: Wenn diese sieben Säulen nicht im Gleichgewicht sind, so können Sie sich vorstellen, dass die Psyche des Menschen sehr erschüttert ist. Vielleicht hilft es, wenn Sie sich ein Haus, welches auf sieben Säulen gebaut wurde, vorstellen. Ist bereits eine dieser Säulen kürzer, so wird das Gebäude ins Wanken kommen.

So ist es auch bei den sieben Säulen einer Persönlichkeit, ist eine kürzer oder weniger ausgeprägt, gerät die ganze Psyche in eine Schieflage. Es gibt viele Führungskräfte, welche dann versuchen, mit Kontrolle und Kampf alles wieder zu richten. Doch je größer die Schieflage tatsächlich ist, desto mehr muss auch gekämpft und kontrolliert werden.

Durch die Kontrolle, die an den Tag gelegt wird, soll die Unterlegenheit vermieden werden. Die Kontrolle ist aber gleichzeitig auch ein Beweis von Ohnmacht. Reagiert eine Führungskraft so, wird auch das Umfeld ohnmächtig und kontrollierend reagieren.

Stellen Sie sich jetzt einmal vor, dass der Boden zu beben beginnt. Es wird mindestens eines der Häuser, welche bereits wanken, zerbrechen. Wenn man das auf ein Unternehmen bezieht, wird einem bewusst, dass es schnell passieren kann, dass dieses untergeht.

Wenn man von der echten Macht spricht, so ist damit gemeint, das ureigene Potenzial, welches jeder Mensch in sich trägt, zu nutzen. Dafür müssen alle sieben Säulen entwickelt werden, denn nur so kann man produktive Veränderungen schaffen. Wenn dies gelingt, kann der Mensch persönlich wachsen, aber auch zum Wachstum des Unternehmens beitragen.

Die 7 Säulen der Macht heißen:

• **Standfestigkeit**: Das bedeutet, dass der Mensch in schwierigen Situationen unerschütterlich ist.

• **Leidenschaft**: Hiermit ist die Begeisterung gemeint, mit welcher der Mensch an die Arbeit geht.

• **Selbstkontrolle**: Gemeint ist die Fähigkeit, selbst-diszipliniert zu sein und alle Emotionen zu regulieren.

• **Liebe**: Das ist der Motor, der etwas verändern kann.

• **Kommunikation**: Hier ist die Rede von der persönlichen Ausdrucksstärke.

• **Wissen**: Das beschreibt das Heilmittel gegen Unwissenheit.

• **Ethik**: Der Mensch bekommt einen Maßstab für das eigene Handeln und zum Schutz vor Manipulation geschenkt.

Die sieben Säulen beruhen auf sieben Chakren. Die Chakren-Lehre kommt aus dem Yoga. Diese Philosophie ist mehr als 5000 Jahre alt und gilt damit als ältestes System, was die Entwicklung des Menschen betrifft. Das Wissen um die Chakren ist in vielen Kulturen verankert. Die indischen Veden, welche als älteste religiöse Schriften gelten, beschrieben die Chakren schon vor 3000 Jahren. Früher war man skeptisch, ob diese überhaupt existieren und wirksam sind, doch seit den 70er-Jahren gibt es dafür wissenschaftliche Beweise. Mit den sieben Chakren werden alle Bereiche erfasst, welche psychologisch gesehen wesentliche Bestandteile der menschlichen Entwicklung sind. Hierbei geht es um ein System, welches bezüglich des Aufbaus und des Wesens der Persönlichkeit sehr ausgefeilt ist. Die Chakren-Lehren haben bereits viele Menschen kennengelernt, beispielsweise durch Yoga oder Reiki. Einige davon konnten durch Akupunktur deren Wirksamkeit erfahren. Wenn es um die Persönlichkeitsentwicklung einer Führungskraft geht, ist diese Lehre leider weniger bekannt. Die sieben Säulen der Macht sollen das antike Wissen der Chakren in unsere heutige Zeit übertragen. Die alte Lehre wird in transaktionsanalytische Konzepte übersetzt, welche von Managern benutzt werden können.

12.1 DIE ABFOLGE DER SÄULEN

Schauen wir uns nun einmal die Abfolge der sieben Säulen der Macht genauer an. Vielleicht haben auch Sie sich gefragt, wie Sie das Ganze angehen sollen. Mit welcher Säule beginnt man? Kann man mit einer Säule beginnen, die einen am meisten interessiert? Die Antwort lautet: Man beginnt mit der Standfestigkeit und baut darauf der Reihe nach die anderen Säulen auf.

Es ist wichtig, dass die sieben Säulen der Reihenfolge nach entwickelt werden. Jede einzelne Säule hat Machtpotenziale. Diese unterstützen und bedingen sich gegenseitig. Mit anderen Worten: Die Säulen bauen aufeinander auf.

Bevor es also an die Leidenschaft geht, muss die Standfestigkeit gut entwickelt sein. Demzufolge ist die erste Säule der Macht auch die Standfestigkeit. Hier entwickelt jeder Mensch das Vermögen, auf dem Boden der Tatsachen stehen zu können. Das geschieht auf den drei Ebenen: geistig, emotional und körperlich.

In dem Wort Standfestigkeit verbergen sich zwei Wörter. Zum einen das Wort „Stand", welches von „zu stehen" kommt und das Wort „Festigkeit". Wer also Standfestigkeit entwickeln möchte, der hat das Ziel, mit eigenen Füßen fest und sicher auf dem Boden zu stehen. Menschen, deren Standfestigkeit gut entwickelt ist, wissen ganz genau, wo sie stehen. Wer sich seiner Position sicher ist, kann auch nicht so leicht aus dieser verdrängt werden. Der Körper und der Geist werden beide fest verankert sein, wenn man seinen Platz in der Welt kennt.

Die nächste Säule bringt jede Menge Bewegung mit sich. Hier entwickelt man die Fähigkeit, flexibel mit den eigenen Standpunkten umzugehen. Es geht dabei darum, die eigene Position nicht zu verlieren oder sich selbst zu widersprechen. Die Rede ist hier von der Säule der Leidenschaft.

Diese kann nur förderlich sein, wenn der Mensch auch Standfestigkeit entwickelt hat. Wer noch nicht standfest ist, wird mit der Leidenschaft seine Möglichkeiten noch nicht erweitern können. Er sorgt damit lediglich für Unruhe. Ein Mensch, der leidenschaftlich sein will, aber nicht standfest ist, wird sich, ohne zu wissen, woher er kommt und wohin er überhaupt will, bewegen. Das führt dazu, dass man sich früher oder später verirrt und dadurch leicht zum Spielball anderer werden kann, wenn diese ihre Kontrollmacht ausüben.

Wer aber standfest ist, den kann nichts so leicht erschüttern. Wenn Sie also eine stabile Standfestigkeit entwickelt haben, so kann nichts belebender sein als die Macht der Leidenschaft. Es ist möglich, dass die Leidenschaft etwas aufbauen kann, aber auch, dass sie etwas zerstört. Durch Leidenschaft können Gegensätze vereint werden, gleichzeitig kann sie aber auch Veränderungen oder Konfrontation bringen. Durch diese Säule wird die menschliche Fähigkeit, die Welt zu berühren und von der Welt berührt zu werden, gesteuert. Jeder Mensch braucht also die Leidenschaft, um sich selbst und seine Umwelt zu beleben.

Und darum geht es:
- Mit sich selbst in Berührung zu kommen
- Sich selbst zu spüren
- Nach eigenen Wünschen, Begeisterung und Energien zu handeln
- Mit der Welt in Berührung zu kommen
- Sich von der Welt um sich herum berühren zu lassen
- Wachstum und Verfall zu spüren
- Mit anderen Menschen in Berührung zu kommen
- Sich von deren Gedanken und Empfindungen berühren zu lassen

• Die Vielfalt anderer zu spüren und deren Grenzen wahrzunehmen

Wenn die Säule der Leidenschaft also gut entwickelt ist, wird es in der Säule der Selbstkontrolle wichtig sein, diese zu koordinieren. Es ist leider so, dass Kontrolle immer wieder missbraucht wird. Und doch zählt sie zu einer wichtigen Form der Macht.

Wer körperliche und seelische Selbstkontrolle hat, hat die Macht über sich selbst. Das ist wichtig, wenn es um Selbstdisziplin geht.

Durch diese Selbstdisziplin sollen Kräfte wie Leidenschaft, Vernunft, Kommunikation sowie alle Emotionen reguliert werden. Ist es beispielsweise der Fall, dass um Sie herum alle Ereignisse zu eskalieren drohen und somit die eigene Existenz bedroht ist, so ist die Selbstkontrolle äußerst wichtig, um einen kühlen Kopf zu bewahren.

Durch die Säule der Selbstkontrolle wird auch die Fähigkeit zur sozialen Kontrolle entwickelt. Doch auch hier muss ich leider sagen, dass es viele Leute gibt, welche in die falsche Richtung tätig sind. Diese meinen tatsächlich, nach außen kontrollieren zu müssen. Das bedeutet, dass das eigene Umfeld kontrolliert wird. Diese Menschen nennen das soziale Kontrolle. Dabei ist es so, dass sich die Kontrolle nach innen richten muss. Wenn man soziale Kontrolle definieren möchte, könnte man das wie folgt tun: Wer sich selbst innerhalb eines sozialen Umfelds kontrollieren kann, hat die Fähigkeit der sozialen Kontrolle.

Wer die Fähigkeit besitzt, sich selbst kontrollieren zu können, erfüllt die Voraussetzung für Sozialfähigkeit. Der Mensch entwickelt also in der Säule der Selbstkontrolle seine Gesellschaftsfähigkeit. Hier zeigen sich die potenziell grenzenlose Entwicklungsfähigkeit und die eigenen Grenzen.

Wer seine Ängste und Machtansprüche überwinden kann, ist auch dazu fähig, dem Wunsch anderer Menschen nach freier Entfaltung gerecht zu werden. Die Selbstkontrolle ist demnach wichtig, um den Weg zur Säule der

Liebe gehen zu können.

Ein Mensch ist am Anfang erst mal nur da (Standfestigkeit). Anschließend kommt er in Bewegung (Leidenschaft). Dann lernt er, sich selbst zu kontrollieren (Selbstkontrolle). Es sind die ersten drei Säulen, welche die Psyche eines Menschen darauf vorbereiten, Kontakt mit dem Umfeld aufzunehmen. Erst, wenn man sich selbst beherrschen kann, wendet man sich seinem Umfeld zu.

Die vierte Säule ist die Säule der Liebe. Hier wird diese Schnittstelle, welche sich nach außen richtet, sichtbar. Die Qualitäten, welche sich durch die ersten drei Säulen ergeben haben, werden nun durch Kontaktfähigkeit ausgelebt.

Eine Führungskraft muss in dieser Säule ganz besonders Wertschätzung und Wohlwollen für ihre Mitarbeiter entwickeln. Jene Führungskräfte, welche kein kraftvolles Ja für ihre Mitarbeiter aufbringen können, besitzen nicht die Fähigkeit, machtvoll zu führen. Es ist der Wunsch eines jeden Menschen, dass man respektvoll behandelt wird. Jeder weiß, wie wohltuend dieses Gefühl ist. Demnach ist die Liebe nicht nur wohlwollend, sondern auch machtvoll.

Das Machtpotenzial der Liebe umfasst die folgenden drei Bereiche:

1) Die Individualität:
Hier spricht man von der Liebe zu sich selbst. Alle Ecken und Kanten, Stärken und Schwächen sollen akzeptiert, angenommen und geliebt werden.

2) Die Loyalität:
Damit ist die Liebe für andere gemeint. Man soll sich loyal verhalten und sich seiner Rolle im Leben der anderen Menschen bewusst sein.

3) Die Wahrheitstreue:
Hier sprechen wir von der Liebe zur Wahrheit, denn wenn man nicht

aufrichtig ist, kann man die Liebe zu sich selbst oder zu anderen nicht gedeihen lassen.

Sie können sich Folgendes merken:
Nur ein Mensch, der sich selbst akzeptiert, kann anderen Menschen entspannt und wohlwollend begegnen.

Wenn die ersten vier Säulen gut entwickelt sind, ist der Mensch bereit, auch von anderen zu lernen. Man möchte anderen die Dinge mitteilen, welche einen bewegen (Leidenschaft). Ebenso sollen andere erfahren, wofür man selbst steht (Standfestigkeit). Die Menschen des eigenen Umfelds sollen wissen, was Sie hemmt (Selbstkontrolle) und natürlich auch das, was Sie motiviert (Liebe).

Es folgt die vierte Säule. Diese nennt man auch die Säule der Kommunikation. Hat man diese erreicht, erkennt man es daran, dass man seine innere Haltung einem anderen Menschen präsentieren möchte. Es wird sich ausgetauscht und man wird interaktiv. Auf diesem Wege entwickelt man sich weiter.

Es ist leider so, dass das Thema Kommunikation sehr erschöpfend behandelt wird. Allerdings lässt sich immer wieder feststellen, dass vielen Führungskräften immer wieder ein klares Bewusstsein über die richtige Kommunikationstechnik fehlt. Vielen fällt es schwer, dass im Miteinander mit den Kollegen etwas entstehen kann. Sie kennen wahrscheinlich das Vier-Ohren-Modell oder denken gerade an Sender und Empfänger, doch darum geht es wahrlich nicht. Vielmehr steht hier die Kommunikation der eigenen inneren Haltung und das Erkennen derer seines Gegenübers im Mittelpunkt. Mit anderen Worten lässt sich das wie folgt erklären: Es muss gelernt werden, auch zwischen den Zeilen lesen zu können. Die Dinge, welche niemand ausspricht, können durchaus sehr wichtig für ein gutes Miteinander sein.

Die Säule der Kommunikation sorgt dafür, dass man sensibilisiert wird und die eigenen Sinne geöffnet werden, damit man die Menschen aus dem eigenen Umfeld besser kennenlernt und die Umwelt erfährt. Es ist die Aufgabe eines jeden Menschen, die eigene Intuition zu stärken, damit man spüren kann, wer das Gegenüber ist. Es ist auch wichtig, dass man sein Gegenüber hinter die eigenen Fassaden blicken lässt. Kurzum: Das ist Kommunikation.

Wer viel weiß, ist mächtig. Jene Menschen, welche die richtigen und wichtigen Informationen verinnerlicht haben, können neue Ereignisse starten oder auch schlimmere Dinge verhindern. Das Wissen eines Menschen führt diesen über den Lebensweg.

Es gibt eine Faustregel, welche besagt, dass ca. 85 % jedes Fehlverhaltens aufgrund mangelnden Wissens geschehen sind. Wir leben in einem Zeitalter der Information. Leider ergibt sich daraus auch, dass diese Informationen ganz besonders dafür genutzt werden, um andere zu kontrollieren. Außerdem führen falsche Informationen auch dazu, dass ganze Menschenmassen manipuliert werden.

Doch Sie sollten wissen, dass das Wissen nicht nur Information ist. Vielmehr ist es nämlich so, dass dieses viele Gesichter hat. Die wissenschaftliche Forschung gilt in unserer Gesellschaft als die Quelle des Wissens. Und wenn man an Weisheit denkt, bzw. andere fragt, was das ist, werden viele antworten, dass es eine Fähigkeit alter Menschen ist. Frauen seien intuitiv. Dann gibt es noch Menschen, welche Visionen haben. Diese sind sehr arm dran, denn sie werden in unserer Gesellschaft oftmals als Spinner bezeichnet. All diese Haltungen sind sehr abwertend und zeugen von einer ganzen Menge Ignoranz.

Wenn eine Führungskraft nicht dazu in der Lage ist, sich alle vier Formen des Wissens zu erschließen, so besteht die Gefahr, dass sie von Ignoranz befallen wird. Dabei sind alle vier Formen für den Führungsalltag sehr wichtig.

Jemand, der die Säule des Wissens und die Säule der Liebe miteinander kombiniert, setzt hier bestimmte Informationen bewusst ein, um dem anderen mehr Macht zu schenken. Aber schauen wir uns nun die **vier Formen des Wissens** einmal genauer an:

1) Die Wissenschaft:
Informationen werden nach einer bestimmten Methode gesammelt und anschließend in bestimmte Fachbereiche eingeordnet. Von einzelnen Bereichen werden zudem Fotos gemacht, die sorgfältig in einer Mappe aufbewahrt werden, um später noch einmal nachschlagen zu können.

2) Die Intuition:
Dieses Wort kennen Sie auch als das Bauchgefühl. Man kann auch sagen, dass dies der Leitfaden ist, welcher uns auf den Weg zur Wahrheit bringt. Der Lauf der Dinge wird begriffen und man stellt Vermutungen an, welche untrüglich sind.

3) Die Weisheit:
Wer aus Erfahrungen lernt, wird weise. Dabei spielt es keine Rolle, ob es die eigenen Erfahrungen sind oder die eines anderen. Vergangene Ereignisse befähigen einen dazu, Prognosen zu machen.

4) Das visionäre Wissen:
Wer Visionen hat, bekommt den persönlichen Lebensweg gezeigt. Wenn die fünf vorangegangenen Säulen gut entwickelt sind, ist es möglich, dass man sich vollkommen der Aktivierung des Machtpotenzials zuwenden kann.

Wenn die vier beschriebenen Wissensformen nebeneinanderstehen und gleichberechtigt sind, so ist es möglich, dass das Bewusste und Unterbewusste zusammenarbeiten. Es entsteht eine Wechselwirkung, welche äußerst fruchtbar ist. Das, was ein Mensch unterbewusst wahrnimmt, kann er umsetzen und das sogar effektiv. Diese Handlungen werden dann auch nicht durch einen Persönlichkeitsaspekt, den man vorher versuchte zu verdrängen, beeinträchtigt. Vereinfacht lässt sich dies folgendermaßen in Worte fassen: Man weiß, das Richtige zur rechten Zeit zu tun. Wie das Wissen eingesetzt wird, ist eine Frage, welche die letzte Säule beantwortet: die Säule der Ethik. Das Wort Ethik bedeutet sittlich. Mit anderen Worten: Jeder Mensch soll sich täglich anständig verhalten. An dieser Stelle lässt sich wiederum diskutieren, welches Verhalten angemessen und anständig ist. Eine Antwort findet man darin, worin man seine Verantwortung anderen gegenüber sieht. Durch die Ethik bekommt jeder Mensch einen Maßstab für das tägliche Handeln zur Verfügung gestellt. Zudem gibt diese einem den notwendigen Halt, wenn man unsichere Zeiten durchmacht. Durch die Ethik erfährt man ein anderes Maß an Stabilisierung. Es ist uns Menschen daher möglich, dass wir den Dingen, welche geschehen, einfach freien Lauf lassen können, ohne dass wir uns über diese aufregen.

Durch die Säule der Ethik lernt ein Mensch innere Ruhe, wenn wir uns mitten in erschütternden Ereignissen befinden. Somit ist es uns möglich, einen kühnen Kopf zu behalten und klar zu sehen. Dabei können andere uns nicht manipulieren. Wer diese qualitative Macht erhält, ist besonders gegen Intrigen, Manipulationen und sogenannte Hackordnungen immun. Vereinfacht kann man sagen, dass die Ethik der Schutzschild eines jeden Menschen ist.

Wie Sie bereits feststellen konnten, wird diese Säule als letzte entwickelt. Wahrscheinlich wünschen auch Sie sich gerade, dass man diese Säule als erste aufbauen könnte, doch es ist nun einmal so, dass man erst ein gewisses Maß an Standfestigkeit erlangen muss, um nicht wie eine Blume im Wind umherzuwanken. Wenn die Leidenschaft fehlt, fehlt uns auch die notwendige Kraft. Außerdem können wir Menschen uns nicht ausschließlich nach moralischen Vorschriften verhalten (Selbstkontrolle) und ohne die Bedürfnisse anderer zu kennen, geht es ebenfalls nicht (Liebe). Es ist zudem notwendig, viele Dinge zu wissen, um eine eigene Ethik formulieren und diese dann auch angemessen einsetzen zu können.

12.2 DIE ZWEI POLE DER OHNMACHT

Bei all dem, was Sie bereits über die Säulen der Macht in Erfahrung bringen konnten, werden Sie sich an dieser Stelle vermutlich fragen, woran Sie merken sollen, dass diese bei Ihnen tatsächlich gut entwickelt sind.

Es ist grundsätzlich so, dass wir **das Phänomen Ohnmacht in zwei Pole** unterscheiden können:
1) die offenkundige Schwäche
und
2) die Schwächen sind als Stärken verkleidet, sie haben die Form der Kontrollmacht.

Beide Pole sind sogenannte **Extreme**. Diese zeigen nicht die Entwicklung einer Person, sondern eher deren Begrenzung.

Standfestigkeit:

Jene Menschen, denen es an Standfestigkeit mangelt, sind ängstlich, fügen sich schneller als andere und man kann diese leicht erschrecken. Der Volksmund meint, dass diese Menschen wie eine Fahne im Wind sind, die sich in alle Richtungen dreht, dabei jedoch keine eigene hat. Viel Bodenhaftung haben diese Personen auf dem Pol der Kontrollmacht. Sie wirken dumm und unbeweglich.

Leidenschaft:

Personen, die wenig Leidenschaft an den Tag legen, werden von anderen als halbherzig, sogar als langweilig wahrgenommen. Zudem empfindet man solche Personen als feige. Sie tragen oftmals den Spitznamen „graue Maus". Wenn die Leidenschaft jedoch kontrollierend ist, sprudelt der Mensch förmlich über, ist kaum zu bändigen, was sich wiederum auf das Umfeld aggressiv und unruhig auswirkt.

Selbstkontrolle:

Wer nicht über genügend Selbstkontrolle verfügt, wird zum Opfer seiner selbst. Menschen, denen es tatsächlich an Selbstkontrolle mangelt, neigen schnell dazu, süchtig oder depressiv zu werden. Oftmals hört man auch, dass sie unter Schlafproblemen und Antriebslosigkeit leiden. Andere Menschen, die nur so vor Selbstkontrolle strotzen, möchten immer die Oberhand gewinnen und über alles den Überblick behalten. Auf andere wirkt das dann wie ein typischer Machtmensch.

Liebe:

Man erkennt einen Menschen, dessen Säule der Liebe nicht gut entwickelt ist, daran, dass es ihm an Wärme und Mitgefühl mangelt. Diese wirken oft kalt und sind oftmals auch nicht dazu in der Lage, sich selbst zu umsorgen. Wenn die Liebe jedoch in Kontrollmacht umschlägt, werden die Personen zu gewohnheitsmäßigen Rettern. Für andere opfern sie sich auf, sich selbst vernachlässigen sie aber regelrecht.

Kommunikation:

Wem es an Kommunikation mangelt, der ist nicht fähig, zu lernen oder sich auch an der Gesellschaft anderer zu erfreuen. Man kann auch sagen, dass diese Menschen ihre Zähne nicht auseinanderbekommen. Wenn die Kommunikation jedoch pervertiert ist, wird die Person als rücksichtsloser Schwätzer erlebt. Diese kann nicht zuhören und schert sich auch nicht, wie er auf andere wirkt.

Wissen:

Ein Mensch, dem die Macht der Information fehlt, wird in seiner eigenen Ignoranz verharren. Jene Menschen, die es allerdings übertreiben, sind wissenschaftsgläubig. Diese vertrauen nur auf die Technologie. Ihr Verhalten ist eher kopf- und herzlos.

Ethik:

Menschen, denen es an Ethik mangelt, sehen sich immer wieder als den Mittelpunkt des Geschehens an. Sie sind fest von ihrem Glauben überzeugt. Wenn es darum geht, mit der Umwelt oder anderen Menschen umzugehen, werden diese als egoistisch und unsensibel wahrgenommen. Menschen, die förmlich abzuheben scheinen, haben eine sehr ausgeprägte Macht der Ethik. Diese ist schon kontrollierend. Den Dingen, die im Alltag geschehen, wird kein Interesse mehr entgegengebracht.

12.3 DIE AUFGABE ZWEIER GESCHLECHTER

Egal, ob Mann oder Frau, es ist bei beiden wichtig, dass sich die sieben Säulen der Macht gut entwickeln. Wer annimmt, es gebe nur sechs Säulen für Männer, dafür aber acht Säulen bei Frauen, der irrt sich. Es ist allerdings so, dass die Machtpotenziale unter verschiedenen Vorzeichen stehen. Aufgrund dieser Tatsache sind einige der Säulen weiblich dominiert und die anderen männlich. Die jeweiligen Säulen werden nicht automatisch bezüglich der Geschlechtlichkeit beherrscht. Eine Frau ist aufgrund ihrer Geschlechtlichkeit nicht automatisch in einer bestimmten Säule perfekt. Das gilt auch für die Männer.

Bei den männlich dominierten Säulen ist es so, dass diese Machtpotenziale enthalten, welche als Möglichkeit angelegt wurden, damit diese doch noch aktiv weiter ausgebaut werden können. Angeborene Machtpotenziale enthalten jedoch die weiblich dominierten Säulen. Es ist wichtig, dass diese von Blockaden befreit werden, denn erst dann können sie sich wieder frei entfalten.

Die weiblichen sowie die männlichen Machtpotenziale sind Qualitäten, die unersetzlich sind. Die weiblich dominierten Machtqualitäten werden von den aktiv aufbauenden männlich geprägten Machtpotenzialen erlöst. Damit diese über sich selbst hinauswachsen können, werden die männlich dominierten Qualitäten der Macht durch die freigesetzten weiblichen Machtpotenziale motiviert.

Es ist demnach so, dass sich weibliche und männliche Machtpotenziale gegenseitig bedingen. Erst als Einheit können sie sich weiterentwickeln. Das ist der Sinn einer Beziehung. Besonders im siebten Machtpotenzial zeigt sich die erreichte Freiheit deutlich. Die Qualitäten der verschiedenen Einheiten sind hier zusammengewachsen und integrieren ihre Potenziale gegenseitig. Für jede Hierarchieebene ist ebendiese Integration sinnvoll. Das bedeutet, dass, um eine möglichst ganzheitliche Führung leisten zu können, am besten beide Geschlechter vertreten sein sollten. Es geht hierbei nicht um die Geschlechterquote, sondern darum, Kompetenzen zu ergänzen und zu vervollständigen.

12.4 STANDFESTIGKEIT

Haben Sie sich schon einmal die Frage gestellt, ob Sie selbst fest im Leben stehen? Wenn wir uns die Säule der Standfestigkeit einmal genauer anschauen, wird die Frage gewiss aufkommen. Zunächst möchte ich Sie daran erinnern, dass diese Säule das Fundament der menschlichen Psyche ist. Durch diese erfährt der Mensch Halt und bekommt Sicherheit vermittelt. Mit anderen Worten ausgedrückt, kann man auch sagen, dass sich diese Säule mit der Daseinsberechtigung befasst, denn jeder Mensch hat das Recht, auf dieser Welt zu sein. In diesem Machtpotenzial werden zwei Pole gezeigt: 1) Energie und 2) Trägheit.

Sie können sich sicher vorstellen, dass ein Mensch, welcher standfest ist, enorme Energien hat und stets tatkräftig an seine Aufgaben herangeht. Wenn man zu viel Energie hat, was sich durch unproduktive Aggression ausdrückt, kann dies, genauso wie zu wenig Energie, was sich durch Kraftlosigkeit ausdrückt, ein Zeichen für mangelnde Standfestigkeit sein.

Wie ich in den vorangegangenen Kapiteln schon einmal erwähnte, bedeutet Standfestigkeit, dass man mit beiden Beinen im Leben steht. Durch diesen festen Stand hat der Mensch den nötigen Halt auf emotionaler, körperlicher und geistiger Ebene, die er braucht. Diese Menschen wissen, wo sie im Leben stehen, und wiegen sich nicht wie ein Blümchen im Wind. Niemandem wird es gelingen, einen standfesten Menschen einfach von seiner Position zu verdrängen. Ist ein Mensch tatsächlich standfest, so ist er auch gelassen. Die Gelassenheit gilt auch als Kraftquelle, aus welcher der Mensch unendlich viel schöpfen kann.

Wie bereits erwähnt, ist die Standfestigkeit das erste und zugleich das wichtigste Machtpotenzial. Diese erste Säule bestimmt die Tragfähigkeit der anderen Säulen, welche sich gegenseitig bedingen und unterstützen. Ist die Standfestigkeit eines Menschen nicht stabil, können die Machtpotenziale der anderen Säulen nicht entfaltet werden. Wer seine Persönlichkeit entwickeln will, beginnt also mit dieser Säule.

Menschen, deren Standfestigkeit gut entwickelt ist, verfügen über folgende Dinge:

- Lebenskraft
- Ausdauer
- Lebensfreude
- Durchsetzungsvermögen
- Erdverbundenheit
- Durchhaltevermögen
- Naturverbundenheit
- Ein Gefühl von Verwurzelung (das gilt für Kultur, Ort, Familie und Unternehmen)

- Ein Rhythmus-Gespür für aktive sowie passive Phasen zum Arbeitsleben
- Vertrauen
- Sicherheit.

Wenn eine Führungskraft eine gut entwickelte Standfestigkeit hat, so ist es ihr möglich, mit beiden Beinen fest auf dem Boden zu stehen sowie ihre Persönlichkeit so zu entfalten, dass ihr in der Welt höchstmögliche Absicherung gewährleistet ist. Die sicheren Früchte einer energiegeladenen Standfestigkeit sind beispielsweise eine gesicherte Heimat, eine glückliche Wahl des Berufs und ein stabiles Familienverhältnis. Ein Mensch erhält Sicherheit und innere Kraft, wenn die Säule der Standfestigkeit gut entwickelt ist. Es kann allerdings auch zu Problemen mit der Standfestigkeit kommen. Eines der größten Probleme ist wohl die Angst. Wenn es in der Säule der Standfestigkeit zu Blockierungen oder Fehlentwicklungen kommt, wird dies oft durch Ängste, Kraftlosigkeit oder auch durch Aggression und Selbstsucht ausgedrückt.

„Angst frisst die Seele." Dieses noch so kurze asiatische Sprichwort trifft den Nagel auf den Kopf. Verspürt ein Mensch psychische Kraftlosigkeit, welche durch Ängste ausgelöst wird, so wird dieser die Schwierigkeiten, vor welchen er stehen wird, schlecht überwinden können. Zudem wird er viel Unsicherheit verspüren und ein mangelndes Selbstvertrauen haben. Im schlimmsten Fall kann es sogar zu Depressionen kommen.

Durch das mangelnde Selbstbewusstsein kann der Mensch, dessen Standfestigkeit nicht gut entwickelt ist, sich an einer vermeidlich starken Person orientieren. Leider ist es aber oft der Fall, dass diese Partner nicht gut gewählt werden und diese dann das sowieso schon mangelnde Vertrauen missbrauchen. In diesem Fall erfahren die Menschen keine Stärkung, sondern werden zusätzlich geschwächt. Gier, aggressive Durchsetzung, übersteigerter Materialismus und Selbstsucht sind ebenfalls Hinweise darauf, dass es

Blockierungen in der Säule der Standfestigkeit gibt.

Werfen wir nun einen Blick auf das theoretische Konzept. Ob eine Führungskraft in ihrem Verhalten tatsächlich überzeugend wirkt, ist davon abhängig, wie standfest eine Führungskraft tatsächlich auftritt. Es ist leider so, dass ein Großteil der Menschen die Standfestigkeit nicht gut entwickelt hat.

Vielleicht fragen auch Sie sich an dieser Stelle, wie Sie Standfestigkeit erreichen. Jeder wünscht sich, morgens aufzuwachen und seinen Vorsatz zu verfolgen, dass er von nun an standfest durchs Leben geht, doch das wird so nicht funktionieren. Ein Wanderer wird beispielsweise nicht durch ein fremdes Gebiet wandern, ohne eine Landkarte dabeizuhaben; immerhin kennt er die Gefahren und unsicheren Gebiete noch nicht.

Das wichtigste Mittel, um die eigene Standfestigkeit zu entwickeln, ist das Vertrauen. Sie müssen Vertrauen in sich selbst, aber auch in andere haben. Stellen Sie sich doch einmal selbst die Frage, ob Sie sich und Ihren eigenen Kompetenzen vertrauen oder nicht. Vielleicht haben Sie auch Selbstzweifel. Und wie sieht das mit anderen Menschen aus? Vertrauen Sie diesen, oder nicht? Mit diesen Fragen beschäftigen sich die Menschen aber nicht erst seit heute. Bereits als Kleinkind möchte man sich in der großen Welt zurechtfinden. Man fragt sich, wer man selbst ist und was man von anderen Menschen halten soll. Demnach nimmt jeder Mensch bereits im Kindesalter eine eigene Einstellung zum Leben ein. Über die Jahre hinweg wird diese Einstellung weiterwachsen. Erlebnisse sowie Beobachtungen, Folgen und Bewertungen haben dabei Einfluss auf unsere innere Überzeugung genommen. Und genau diese ist es, welche heute unser Verhalten dirigiert.

Diese drückt unsere eigene Persönlichkeit aus. Man muss im Leben, besonders, wenn man eine Führungskraft ist, vielen Persönlichkeiten gerecht werden. Jede dieser Persönlichkeiten ist individuell, wodurch es passieren kann, dass es schnell unübersichtlich wird. Damit der Mensch in der großen Menge einen roten Faden behält, sucht er sich den kleinstmöglichen Nenner.

Schauen wir noch einmal zurück zum Vertrauen. Entweder man hat es oder man hat es nicht. Man wirft einen Blick auf sich selbst und auf andere. **Die unübersichtliche Masse an Überzeugung wird in vier Vertrauensvarianten**, welche übersichtlich sind, **sortiert**:

- Der Mensch vertraut sich selbst.
- Der Mensch vertraut sich selbst nicht.
- Der Mensch vertraut anderen.
- Der Mensch vertraut anderen nicht.

Und genau das ist das Konzept der Grundpositionen aus der Transaktionsanalyse. Demnach bezieht sich der Mensch auf das Schlüsselkriterium Vertrauen in zwei Achsen. Dabei steht die waagerechte Achse für das Vertrauen, welches er in sich und seine Kompetenzen hat. Auf dieser Achse bewegt man sich zwischen Selbstvertrauen und Selbstzweifel. Dabei besteht die Chance, sich selbst zu finden oder sich von sich selbst zu entfremden. Der Mensch wird sich irgendwo zwischen beiden Polen aufhalten.

Auf der zweiten Achse, welche senkrecht verläuft, wird das Vertrauen in das Umfeld, andere Menschen und das Leben im Allgemeinen dargestellt. Auch hier bewegt sich der Mensch zwischen den Polen Vertrauen und Misstrauen. Man kann auch sagen, dass er sich zwischen Zuneigung und Abneigung bewegt. Diese beiden Vertrauensachsen ergeben zusammen ein Koordinatensystem. Durch dieses **hat der Mensch vier Felder mit vier Möglichkeiten, in der Welt zu stehen und anderen zu begegnen.**

- Ich bin in Ordnung und du bist in Ordnung.
- Ich bin in Ordnung und du bist nicht in Ordnung.
- Ich bin nicht in Ordnung und du bist in Ordnung.
- Ich bin nicht in Ordnung und du bist nicht in Ordnung.

Das sind die grundsätzlichen Einstellungen, die jeder Mensch sich selbst gegenüber, anderen gegenüber und dem Leben gegenüber hat. Durch diese wird eine grundlegende Haltung dargestellt. Dabei geht es viel tiefer, als sich eine Meinung über das eigene Verhalten und das eines anderen zu bilden. Diese Entscheidungen stehen weit über dem Wert, welchen man sich auf persönlicher Ebene zuschreibt. Wichtig ist, dass Sie verstehen, dass dieser Wert jener ist, welchen Sie sich als Mensch zugestehen, und nicht dieser, den sie verkörpern. Die traurige Tatsache ist, dass sich viele Menschen weniger Wert zugestehen, als ihnen rechtmäßig zusteht.

Andere wiederum neigen dazu, es maßlos zu übertreiben und denken, sie seien etwas Besseres. Die eigene persönliche Grundposition ist der Wahrnehmungsfilter des Menschen. Dieser Filter wirkt wie eine Brille, denn mit diesem kann man die Welt mehr oder weniger klar sehen. Dabei kommt es auf die Grundeinstellung an, welche Tönung entsteht. Die vier Grundpositionen sind jedem Menschen bekannt. Vielleicht nicht auf theoretischer Ebene, aber im Erleben. In welchen Bereichen wir uns bewegen, ist abhängig von der Situation und der Tagesverfassung. Steht der Mensch vor einer kritischen Situation, neigt er zu einer bestimmten Einstellung. Das ist die sogenannte Lieblingsposition. Diese muss nicht immer die sein, welche der Mensch als angenehm empfindet, sondern es kann auch jene sein, die er am besten kennt. Sie können sich das so vorstellen, als würde man eine Wohnung beziehen. Man richtet sich gemütlich ein und ist nicht gern dazu bereit, diese gemütliche Wohnung durch einen Umzug zu verlassen. Der Mensch sieht und erlebt die Welt wie seine Grundposition. Sein Verhalten wird mit dieser Einstellung gerechtfertigt. Es gibt sogar Menschen, die ihr ganzes Leben so einrichten, dass es zu deren Grundposition passt.

Eine Wippe ohne Macht

Gerade hat sich die Führungskraft noch abwertend gegenüber ihrem Mitarbeiter verhalten. Hier hat sie offenkundig die Haltung ‚Ich bin okay und du nicht' eingenommen. Sie fühlte sich überlegen. Doch, sobald sie das Büro ihres Vorgesetzten betritt, wandelt sich diese Haltung. In wenigen Sekunden wird aus der gerade noch mächtigen Führungskraft eine deutlich kleinere Person. In diesem Moment nimmt sie die Grundposition ‚Ich bin nicht okay und du bist okay' ein. Jetzt wird sie sich angepasst verhalten, leise sprechen und ihre Körperhaltung wird etwas Unterwürfiges zeigen.

Wenn sie dann das Büro ihres Vorgesetzten verlässt und auf dem Flur beispielsweise einen Praktikanten trifft, wird sich diese Grundposition wieder verändern. In diesem Fall ist die Führungsposition zweimal gekippt, was bedeutet, dass sie nicht standfest ist. Man nennt dies auch eine Ohne-Macht-Wippe. Beide Positionen funktionieren miteinander wie eine Wippe. Eine von beiden ist immer oben oder unten. Ein Mensch, welcher genügend Kraft in den Beinen hat, wird sich in die überlegene Position schwingen. Dies geschieht auf Kosten anderer, welche dann automatisch in die unterlegene Grundposition wippen.

Auf einem Spielplatz für Kinder mag das ein netter Zeitvertreib sein, doch im Führungsalltag frisst dies jede Menge Energie. Der Mensch glaubt, dass er erfolgreich und mächtig sein kann, wenn er nur schnell genug draufhaut. Allerdings ist das eine Illusion, denn wie Sie wissen, ist eine Wippe immer in Bewegung und raubt so manche Kraft und manchen Nerv. Hier ist der Mensch von Standfestigkeit weit entfernt. In einem Konkurrenzkampf, welcher ziemlich unsinnig ist, reibt man sich gegeneinander auf.

Es ist wichtig, die richtigen Fragen zu stellen

Aus dem Zusammenspiel von realistischem Vertrauen in sich und den anderen ergibt sich die Standfestigkeit. Dementsprechend ist es wichtig, dass der Mensch seine Grundposition ‚Ich bin okay und du bist okay' weiter ausbaut.

Stellen Sie sich die Frage, in welchen Bereichen Sie sich selbst Vertrauen und in welchem es zu diesem Zeitpunkt noch nicht möglich ist. Es ist wichtig, dass Sie sich selbst differenziert befragen und nicht generalistisch, wie es in den drei negativen Grundpositionen der Fall ist. Das gilt auch in das Vertrauen anderer Menschen gegenüber.

Damit man auch zu angemessenen Ergebnissen kommt, sind bereits die Fragen, welche man stellen will, von Bedeutung. Führungskräfte stellen sich gern die „Ob-Frage", doch diese bringt mehr Schwierigkeiten als Lösungen mit sich. Eine Ob-Frage ist wie eine Einladung für das Misstrauen. Der Grund dafür ist ein unrealistischer Anspruch. Eine Ob-Frage lässt nur schwarz oder nur weiß zu. Vergleichbar ist das Ganze mit einem Hundert-Cent-Spiel. Wer hundert Cent hat, besitzt einen Euro, wer nur 0,99 € hat, nicht.

Wenn man das auf die Motivation von Mitarbeitern überträgt, stellt sich folgende Ob-Frage: „Ob dieser Mensch wohl motiviert genug ist, um zu arbeiten?" Auf diese Frage lässt sich nur mit Ja antworten, wenn sich dieser Mitarbeiter zu hundert Prozent motivieren lässt.

Lässt sich dieser Mitarbeiter nur auf 95 % Motivation ein, ist dieser laut Ob-Frage nicht motivierbar. Sie sehen also, dass diese Frage falsch gestellt ist. Eine Ob-Frage kann niemals passend sein. Sie lässt keinen Spielraum, wodurch schnell Frust aufkommt. Dieser Frust kann ohnmächtig oder aggressiv sein. Die Frage nach dem Vertrauen lautet also nicht, ob man Vertrauen kann oder nicht. Damit man der Realität gerecht werden kann, muss diese Frage anders formuliert werden. Und bereits bei der Umformulierung ergibt sich auch die Lösung: „In welchen Punkten kann ich dieser Person vertrauen?" Diese Frage lässt genügend Spielraum für die Antworten übrig.

Demnach sollten Führungskräfte auch nicht die Frage stellen, ob ein Mitarbeiter motivierbar ist, ja oder nein. Die richtige Frage sollte viel eher so lauten: „In welchen Punkten ist der Mitarbeiter bereits kompetent und wo bedarf es Motivation?"

Nur wer lernt, die Fragen, wie eben beschrieben, zu formulieren, wird realistisch einschätzen können und somit Vertrauen in die eigene

Einschätzungsfähigkeit erlangen. Wer sich selbst und auch seine Mitarbeiter beziehungsweise Mitmenschen realistisch betrachten kann, kommt auch zur zuverlässigen Schlussfolgerung. Dieses objektive Ergebnis verdeutlicht, welches Führungsverhalten verlangt wird.

Sie können sich folgenden Satz merken: „Eine gut entwickelte Standfestigkeit ist immer eine +/+-Grundeinstellung. (Ich bin in Ordnung und du bist in Ordnung.) Diese Grundeinstellung bedeutet, dass beide Seiten gleichwertig sind und sich gegenseitig respektieren."

Fassen wir nun noch einmal die wichtigsten Punkte zusammen:

- Vertrauen ist das Schlüsselkriterium.
- Für Führungskräfte ist diese Grundeinstellung unverzichtbar.
- Die gesunde und positive Grundeinstellung muss immer wieder neu erlernt werden.
- Durch das Bewegen der Position kommt der Mensch voran. Man muss also konstruktiv mit seinen Mitmenschen umgehen.
- Das Verhalten eines Menschen ist unabhängig und unmittelbar realitätsbezogen, wenn dieser ein hohes Selbstvertrauen sowie ein hohes Vertrauen in andere hat.
- Die eigenen Bedürfnisse und die der anderen werden wahrgenommen und in den Handlungen berücksichtigt.
- Es werden selbstständige Entscheidungen getroffen und die Folgen dieser realistisch eingeschätzt sowie die Konsequenzen daraus getragen.
- Der Mensch kann es sich leisten, Fehler zu machen, ohne dass er gleich den Glauben an sich selbst verliert.
- Durch diese positive Grundhaltung werden Kommunikation und effektive Arbeit gefördert.
- Ein produktives Miteinander wird angestrebt.
- Als wahre Gewinner gelten Führungskräfte mit der +/+-Grundeinstellung.

12.5 LEIDENSCHAFT

Wenn man von der Säule der Leidenschaft spricht, könnte man auch von einem Lebenselixier sprechen, denn diese Säule schenkt den Menschen Energie und Kraft. Betrachten wir diese Säule auf der psychischen Ebene, wird schnell klar, dass es darum geht, die Fähigkeit, das Leben, andere Menschen und auch die Arbeit zu genießen. In der Säule der Leidenschaft gibt es ebenfalls zwei polare Kräfte, welche als Machtpotenzial aktiv werden können. Hierbei handelt es sich um die Schöpfung und um die Zerstörung.

Ein Mensch, welcher sehr leidenschaftlich ist, verfügt über Ausdauer, Kraft und Geschick, wenn es darum geht, Dinge zu verwirklichen. Mit anderen Worten formuliert, ist dieser Mensch schöpferisch tätig. Wenn es bei diesem Machtpotenzial Störungen gibt, so kann sich diese Leidenschaft in Zerstörung umwandeln.

Die Zerstörung wiederum kann in zwei Richtungen gehen. Wenn es sich um eine Blockierung handelt, richtet sie sich gegen die Person selbst. Hierbei wird die schöpferische Energie nicht genutzt. Daraus folgt, dass sich diese wie eine Implosion gegen den Körper und sogar die eigene Psyche richtet. Wenn die Leidenschaft fehlgeleitet ist, so richtet sich die Zerstörung nicht gegen den Menschen selbst, sondern nach außen. Dabei werden Karrieren, Projekte und sogar Beziehungen zerstört.

Der Mensch wird durch die Leidenschaft in Schwung gehalten. Es gibt nichts anderes, was einen Menschen tatsächlich so sehr beleben kann. Durch die Leidenschaft ist der Mensch dazu fähig, etwas aufzubauen, aber auch etwas zu zerstören. Es werden verschiedene Gegensätze miteinander vereint. Dadurch kann es aber auch zu Konfrontation und Veränderungen kommen.

Wenn die Säule der Leidenschaft gut entwickelt ist, so ist es äußerst wichtig, dass diese im Blick behalten wird. Durch die gute Entwicklung hat der Mensch eine hohe Vitalität, welche besonders wichtig für die körperliche und seelische Gesundheit ist. Sie können sich folgenden Satz merken: „Der Schlüssel für echte Lebensqualität ist Leidenschaft."

Für eine Führungskraft ist die Leidenschaft sehr wichtig, damit sie sich selbst, aber auch ihr Umfeld motivieren kann. Sie muss also aktivierende Impulse setzen und diese von anderen zulassen. Dadurch wird die Freude an der Arbeit und deren Qualität gesteigert.

Es lässt sich auch sagen, dass die zweite Säule, also die Säule der Leidenschaft, auch die Säule der Berührung ist. Lebenslust, Neugier, aber auch Sinnlichkeit gehören hier dazu. Damit Lebenslust und Lebensfreude entstehen können, ist es wichtig, die Welt mit allen Sinnen zu erfassen, außerdem muss der Mensch seine eigene Persönlichkeit annehmen. Man muss also Schamgefühle loslassen und immer mit der Umwelt in Kontakt sein.

Ein Mensch, dessen Leidenschaft als Machtpotenzial entwickelt ist, verfügt über folgende Dinge:

- Lebensfreude
- Körperbewusstsein
- Vitalität
- Sinnlichkeit
- Er ist dazu fähig, seine Lebensenergie zu entfalten.
- Lebenslust
- Kreativität
- Motivation
- Die Fähigkeit zu motivieren
- Schöpferische Kraft
- Entfaltungslust
- Er hat sehr viel Schwung im Leben.

Hat eine Führungskraft also eine gut entwickelte Leidenschaft, so kann sie gesunde Beziehungen zu sich und anderen aufbauen und leben. Hierbei werden weder Leidenschaft noch Emotionen unterdrückt, sondern können sich frei entfalten. Die Führungskraft beziehungsweise der Mensch mit gut entwickelter Leidenschaft, nimmt ihren eigenen Körper ganz bewusst wahr und liebt diesen auch mit dessen kleinen Fehlern und Schwächen. Erotische Beziehungen sind für jeden Menschen, dessen Leidenschaft gut entwickelt ist, erfüllend und geprägt von Hingabe.

Wenn diese Säule ausgeglichen entwickelt ist, so ist es der Führungskraft möglich, ihr kreatives Potenzial vollkommen zu entfalten. Eine Führungskraft, welche selbstsicher, vital und voller Lebenslust ist, hat eine hohe Anziehungskraft auf ihre Mitarbeiter, Kollegen und auch Kunden.

Kommt es in dieser Säule zu Blockierungen oder gar Fehlentwicklungen, werden diese durch unbewusstes Schamgefühl sehr deutlich. Diese Schamgefühle bringen Verzagtheit mit sich. Von anderen Menschen wird man dann als halbherzig oder gar langweilig und feige empfunden. Ein Mensch, dessen Leidenschaft blockiert ist, ist psychisch sehr oft kraftlos, hat keine Motivation und schafft es nicht, etwas Neues in Angriff zu nehmen. Aufgrund dieser Dinge kann es zu depressiven Verstimmungen und schöpferischen Krisen kommen. Die sinnliche Wahrnehmung ist zudem reduziert und dem Menschen fällt es schwer, sein Leben genießen zu können. Bei Managern zum Beispiel kann dies zu paradoxen Verhaltensweisen führen. Sie reagieren in Form einer Konterdynamik mit starkem Suchtverhalten. Unterbewusst spüren sie, dass sie sich allem, was sinnlich ist, verstärkt zuwenden wollen.

Leider ist hier die einzige sinnliche Erfahrung die Rauscherfahrung, welche sehr stark sein kann. Um diese Berauschung zu erleben, lassen sich zum Beispiel Drogen und Stress nutzen. Ein Mensch, welcher im Stressrausch ist, wirkt auf andere, als sei er außer Rand und Band. Das wird deutlich, wenn diese Person viele Projekte an sich reißt, sich aber mit ihren Aufgaben vollkommen verzettelt. Kurzzeitig mögen diese Rauscherfahrungen zwar Probleme lösen, aber auf Dauer führen sie zur Abstumpfung der Sinne sowie zur Zerstörung des eigenen Lebens. Wenn man bewusst an dieser Säule arbeitet, schützt das vor Triebhaftigkeit, unerfüllter Sehnsucht sowie den Suchtgefährdungen, Ängsten, Eifersucht und einer unbefriedigten Sexualität.

Das Geheimnis der Mitarbeitermotivation

Das Geheimnis, seine Mitarbeiter zu motivieren, liegt ganz klar und deutlich in der eigenen Motivation. Demnach gilt folgende Faustregel: „Einen anderen Menschen kann man so stark motivieren, wie man selbst motiviert ist."

Je nachdem, wie viel Arbeit man selbst in ein Projekt steckt, lassen sich auch die anderen Menschen leichter anstecken. Demnach werden auch Menschen, welche als eher weniger lebensbejahend gelten, ganz einfach mitgerissen. Dabei fühlen sich diese nicht als Spielball; als sogenannte Nutznießer schwimmen sie dann auf der Leidenschaftswelle mit.

Diejenigen, welche sehr gern mitmachen möchten, sich aber nicht trauen, bekommen über die Leidenschaft die Erlaubnis, sehen die motivierte Person als Vorbild an und stürzen sich dann ebenso in die Materie.

Das ist das Machtpotenzial der Lebensfreude. Im Indischen heißt dieses Chakra „Svadhisthana", was so viel bedeutet wie: Süße. Und ebendiese Süße entsteht durch sinnliche Freuden und all das, was wir tun. Der Schlüssel zur Leidenschaft ist demnach Genuss. Lebensfreude und Genuss können jedoch nur dann entstehen, wenn sich ein Mensch berühren lässt. **Es ist also wichtig, dass man in Kontakt tritt ...**

• ... mit sich selbst, damit man die eigenen Wünsche, Begeisterungen und Energien erfahren kann.

• ... mit der Welt, die sich um einen Menschen herum befindet, damit diese einen berühren kann, wodurch man Wachstum, aber auch Verfall spürt. So bekommt man ein Gespür für den Lebensrhythmus.

• ... mit Menschen um einen herum, damit man sich von deren Empfindungen und Gedanken sowie deren Persönlichkeit berühren lassen kann. Auf diesem Wege spürt man deren Vielfalt, deren Grenzen und Potenziale.

Ein Mensch, der bereit dazu ist, die Dinge, um sich herum leidenschaftlich wahrzunehmen, sorgt dafür, dass er sinnliche Genüsse beispielsweise durch Kunst und Kultur, Erotik oder lustvolles Erleben genießen kann.

Hier stellen sich zwei Fragen:

• 1) Wodurch wird Leidenschaft unterdrückt?
• 2) Wodurch wird Leidenschaft gefördert?

Sie sollten wissen, dass die Leidenschaft ein weiblich dominiertes Machtpotenzial und uns angeboren ist. Leider ist es tatsächlich so, dass wir im Lauf unseres Lebens immer mehr Einschränkungen und Begrenzungen bezüglich dieser Quelle erfahren. Es ist daher wichtig, dass dieser Quell wieder freigelegt wird. Ein Mensch kann auf diese Weise jeden Tag neu entscheiden, wie viel Leidenschaft er an diesem Tag leben möchte.

So herrschen Sie über die Bedürfnisanlagen:

• Seien Sie gefällig: Zugehörigkeit und Liebe.
• Seien Sie stark: Sicherheit in sozialen Kontakten.
• Strengen Sie sich an: Bereitschaft zur Leistung.
• Beeilen Sie sich: Erfahrungen der Fülle des Lebens.
• Seien Sie perfekt: Optimales Einsetzen von Wissen und Können.

Sicherlich kennen auch Sie die innere Stimme, welche einem immer wieder etwas zuflüstert. Manchmal führt sich diese wie ein General auf. Und wenn ich Ihnen jetzt sage, dass es sogar fünf Generäle gibt, werden Sie sicher mit offenem Mund dasitzen.

Es sind die sogenannten Antreiber, welche dafür sorgen, dass wir Anweisungen verinnerlichen. Diese Antreiber müssen nicht unbedingt eine Person sein, durch welche wir diese Anweisungen speichern. Ein Mensch erlebt ziemlich oft einen inneren Druck, dass er sich in einer bestimmten Situation auch auf eine bestimmte Art und Weise verhalten muss. Bleibt zum Beispiel eine Führungskraft mit ihren Strategien stecken, reagiert diese meist ganz spontan mit antreibendem Verhalten. Man kann auch sagen, dass diese fünf Generäle wie fünf Bewohner unseres Kopfes sind. Diese haben alle Bedürfnis-Ressourcen untereinander aufgeteilt. Durch diese Aufteilung herrschen sie gemeinsam über alle Bedürfnis- und Handlungsbereiche. Gegenüber unseren Gefühlen machen sie ein Versprechen, dass diese gefahrenfrei erfüllt werden, wenn man deren Befehl ausführt.

Nehmen Sie nun alle Kopfbewohner dieser Welt zusammen und kürzen Sie diese kulturübergreifend auf fünf Antreiber. Jeder kennt diese und sie sind universal. Es kommt hier auf die Befehlsgewalt an, ob dieser Antreiber unser Handeln bestimmt oder ob wir selbst der Herr im Haus sind.

Wenn Sie sich beispielsweise in bestimmten Situationen unwohl fühlen, dann können Sie sicher sein, dass einer dieser Generäle eingreift und die Führung übernimmt. Man ist sich nicht mehr sicher, ob der andere Mensch loyal ist. Das steigert die Annahme, man könne den anderen Menschen durch Nettigkeiten und Harmoniestreben gewinnen. Manche Menschen wollen beispielsweise bei ihrem Chef einen guten Eindruck machen und glauben, dass es hilfreich sei, sich unberührbar zu machen. Es muss beispielsweise etwas abgegeben werden, woran man sehr lange arbeitet, bis genug Anstrengung aufgewendet wurde. Manchmal quillt die Ablage mit Aufgaben über und man möchte besonders schnell daran arbeiten, um dies in den Griff zu bekommen.

Sie können sich folgenden Satz merken: „Sie geben Ihre innere Macht immer mehr an die innere Macht des Pentagons ab, je zwanghafter Sie den

Befehlen der fünf Generäle folgen."

Vor diesen Befehlen sollten Sie sich in Acht nehmen:
- **General**: sei gefällig: **Befehl**: Du musst es anderen recht machen.
- **General**: sei stark: **Befehl**: Du darfst nichts an dich herankommen lassen.
- **General**: streng dich an: **Befehl**: Du musst dir Mühe geben.
- **General**: beeil dich: **Befehl**: Du musst schnell sein.
- **General**: sei perfekt: **Befehl**: Du darfst keine Fehler machen.

Einem ferngesteuerten Manager ist nicht immer bewusst, dass er sich wie ein Sklave unter dem Befehl des Antreibers gibt. Es ist so, dass sich die gespeicherten Befehle vor allem in Stresssituationen verselbstständigen. Damit blockieren sie das klare Denken des Erwachsenen-Ichs. Die Folge ist, dass eine angemessene Lösung sabotiert wird. Hier spielt dann mindestens ein General das Imperium der Macht. An dieser Stelle entpuppt sich das Antreiber-gesteuerte-Verhalten als Irrglaube.

Die fünf Generäle haben sich schon vor langer Zeit gemütlich im Pentagon niedergelassen. Nun werden nur noch alte Strategien abgespielt, welche manchmal sogar aus der Kindheit stammen. Richtig wäre es, gegenwartsbezogen zu arbeiten. Jene Formeln, mit denen man einmal gewonnen hat, sind nun leider Anleitungen für den Holzweg. Tatsache ist auch und damit ein Minuspunkt, dass die Generäle niemals satt werden. Sie werden immer wieder Gehorsam fordern. Man ist nie gut genug, cool genug, nicht schnell genug, nie perfekt genug und man bemüht sich nie genug.

Was man tun kann

Natürlich wird niemand die Antreiber verteufeln oder davonjagen. Auf der einen Seite werden sie auch dort Unfug treiben, wohin man sie jagt. Dazu erfahren Sie in der Säule der Selbstkontrolle noch etwas mehr. Auf der anderen Seite haben uns diese auch schon oft weitergeholfen, wenn wir selbst nicht weiterwussten. Demnach ist es so, dass wir uns auch Ressourcen und Fähigkeiten zur Verfügung stellen, welche wir auch weiterhin nutzen wollen. Es ist also wichtig, dass man nicht den Antreiber abschafft, sondern den sogenannten Befehlsgehorsam verweigert. Das kindliche „nur wenn wir Lust haben, machen wir mit" wird daher nur noch genutzt, wenn es uns tatsächlich als sinnvoll erscheint. Hinsichtlich des normalen Arbeitslebens sind Stärke, Bemühen, Begeisterung, Liebenswürdigkeit, Schnelligkeit sowie Genauigkeit sehr wichtige positive Eigenschaften.

• **Antreiber**: sei gefällig: **Ressource**: Einfühlungsvermögen (das ist die Fähigkeit, sich auf sich selbst und auf die Umgebung zu beziehen)

• **Antreiber**: sei stark: **Ressource**: Distanzierungsvermögen (das ist die Fähigkeit, sich von sich und der Umgebung zu distanzieren)

• **Antreiber**: streng dich an: **Ressourcen**: Durchhaltevermögen (das ist die Fähigkeit, Kraft angemessen einzusetzen)

• **Antreiber**: beeil dich: **Ressourcen**: Raum-Zeit-Gefühl (das bezeichnet die Fähigkeit, sich räumlich und zeitlich orientieren zu können)

• **Antreiber**: sei perfekt: **Ressource**: Sinn für Vollkommenheit (dies beschreibt die Fähigkeit, eine optimale Technik für die Handlung zu entwickeln und einzusetzen).

Man kann die Antreiber auch mit Hunden vergleichen: Wenn ein Hund Sie gefangen hat, wird er Sie in die Wade beißen, was natürlich mehr schadet, als es hilft. Wer aber von seinem Druck erlöst ist, kann den Antreiber auch vor den Schlitten spannen. Jenen Menschen, denen es gelingt, die einschränkende

Kraft des Antreibers, welche sehr destruktiv ist, einzuschränken, können die Generäle für Befähigungen im Arbeits- und Kommunikationsverhalten nutzen.

Fassen wir noch einmal zusammen: Die Leidenschaft ist das positiv-freie Kind-Ich.

- Der Genuss ist der Schlüssel zur Leidenschaft.
- Der positive Kind-Ich-Zustand muss wieder freigelegt werden.
- Durch das fürsorgliche Eltern-Ich EL erfährt man wohlwollende Unterstützung.
- Lebensenergie und Vielfalt sind die Effekte der Leidenschaft.
- Als Passierschein zur Leidenschaft werden Erlaubnisse gesehen.
- Man erlangt Autonomie im Denken und Fühlen sowie Verhalten, indem man seine Kopfbewohner und Antreiber entschärft.
- Man erlaubt sich mehr, man selbst zu sein.
- Lebensfreude wird empfunden.
- Eine Führungskraft, die ein freies Kind-Ich hat, ist ein wahrer Gewinner.

12.6 SELBSTKONTROLLE

Damit unsere eigene Identität geschützt wird, wird uns durch die Säule der Selbstkontrolle Selbstachtung geschenkt. Wir schaffen uns auf psychischer Ebene ein Handlungsrecht. Wie auch in den ersten beiden Säulen treffen hier zwei polare Kräfte aufeinander: Zur eigenen Macht zu finden, ist der eine Pol, der andere ist Machtlosigkeit.

Jemand, der die eigene Macht besitzt, fühlt sich besonders stark. Es ist wichtig, dass man wachsam bleibt, um diese Macht nicht wieder zu verlieren, denn es können immer wieder verschiedene Machtgelüste auftreten, die unser Handeln in eine andere Richtung treiben. Es kann beispielsweise auch dazu kommen, dass wir die Kontrolle über andere an uns reißen.

Betrachten wir die Seite der Machtlosigkeit, ist das Gegenteil der Fall. Es kann im schlimmsten Fall so weit kommen, dass wir anderen Personen die Macht über uns geben.

Wie bereits einige Male erwähnt, kommt es immer wieder und häufiger vor, dass viele Menschen die Kontrolle missbrauchen. Aber ohne Kontrolle geht es auch nicht, da sie eine wichtige Funktion bezüglich der Macht hat.

Ein Mensch, der die Fähigkeit zur seelischen und körperlichen Selbstkontrolle hat, besitzt die Macht über sich selbst. Durch diese werden andere Kräfte wie Leidenschaft, Vernunft, Selbstdisziplin, Kommunikation und einige Emotionen reguliert. Wenn die Ereignisse um einen herum zu eskalieren drohen, ist die Selbstkontrolle sogar sehr lebenswichtig.

Ganz besonders kommt hier der Wille zur eigenen Individualität zum Ausdruck. Es zeigen sich hier außerdem die potenziell grenzenlose Entwicklungsfähigkeit sowie die eigenen Beschränkungen. Damit man auch anderen Menschen die Chance zur freien Entfaltung geben kann, ist es wichtig, die eigenen Ängste zu überwinden. Wer zur Säule der Liebe gelangen will, muss also zunächst Selbstkontrolle erlangen.

Menschen, deren Selbstkontrolle als Machtpotenzial entwickelt ist, verfügen über folgende Dinge:
- Selbstachtung
- Selbstvertrauen
- Selbstwertgefühl
- Individualität
- Ich-Gefühl
- Empathie
- Sensibilität

- Durchsetzungsvermögen
- Stabile Nerven
- Neue Eindrücke können optimal verarbeitet werden.
- Emotionalität.

Wenn eine Führungskraft ihre eigene Identität entwickeln will, so braucht auch sie eine stabile Selbstkontrolle. Wichtig ist, dass sie weiß, wer sie ist. Selbstachtung und Selbstvertrauen gehen mit einer gesunden Ich-Entwicklung einher. Erreicht eine Führungskraft diesen Zustand, so kann sie selbstbestimmt leben. Außerdem kann sie so ihre Ziele andauernd verfolgen. Aus ihrer Mitte heraus kommt eine Kraft, durch welches sie ihre Ziele erreichen kann. Außerdem kann sie so alle Hindernisse, vor denen sie steht, aus sich selbst heraus und mit ihrem Selbstvertrauen überwinden. Um schwierige Lebensphasen zu überstehen, braucht ein Mensch Ausdauer und Geduld. Eine Führungskraft behält ein hohes Maß an Sensibilität und Mitgefühl gegenüber anderen bei und wird nicht mit ausgestreckten Ellenbogen durchs Leben gehen. Selbstbewusstsein und Tatkraft strahlt sie jeden Tag aus. Eine der Grundvoraussetzungen für Erfolg im Leben ist somit eine starke Säule der Selbstkontrolle. Es spielt hierbei keine Rolle, wie man den Erfolg für sich selbst definiert.

Sicherlich kennen auch Sie den inneren Schweinehund. Dieser ist der Feind der Selbstkontrolle. Das Solar-Plexus-Chakra ist der psychische Sitz der Selbstkontrolle. Die Energien eines Menschen werden sich gegen den eigenen Körper richten, wenn diese immer wieder heruntergeschluckt und nicht genutzt werden. Tatsächlich entstehen auf diese Weise Verdauungsprobleme. Hier ist die Verarbeitung von Themen gestört, wodurch sich ein Druckgefühl auf den Magen auswirkt. Demnach ist das Gefühl, dass eine Sache nicht verdaut werden kann, eine psychische Entsprechung. Das Sprichwort ‚Das hat mir auf den Magen geschlagen' besagt genau das.

Kommt es in dieser Säule zu Fehlentwicklungen, so werden die

Führungskräfte zu Kontrollfanatikern; sie versuchen dann krampfhaft, die Oberhand in jeder Lebenslage zu gewinnen. Für sie gibt es nichts Wichtigeres, als den Überblick zu behalten. Das sind, wie bereits einmal kurz erwähnt, die typischen Machtmenschen oder auch Familientyrannen. Diese zeigen sehr oft negative Charakterzüge. Dies können beispielsweise Eifersucht, Neid, Machtbesessenheit, übertriebener Ehrgeiz, Aggression oder auch Rücksichtslosigkeit sein. Das Umfeld dieser Person reagiert darauf sehr verschreckt.

Wenn die Selbstkontrolle blockiert ist, zeigt sich dies durch Mangel an Energie. Die Folgen davon sind geringe Selbstachtung, Unsicherheiten, Autoritätsangst, Selbstmitleid, Sentimentalität und eine fehlende Orientierung im Leben. Es liegt also auf der Hand, dass eine solche Person oder Führungskraft das Opfer ihrer selbst wird, unter Depressionen oder Sucht leidet und mit Schlaflosigkeit und Antriebslosigkeit kämpfen muss. Diese Personen treiben, wortwörtlich gesehen, zwischen den Wellen. Wer konzentriert an dieser Säule arbeitet, kann dazu beitragen, sein Leben auch aktiv selbst in die Hand zu nehmen und sich nicht von anderen Menschen oder Umständen leiten zu lassen.

Zu den sieben wichtigsten Kompetenzen einer Führungskraft zählt die Selbstkontrolle. Es ist aber leider so, dass gerade diese Kraft unterentwickelt ist. Das zeigt sich besonders in Unzufriedenheit im Beruf, in privaten Krisen und auch in Kriegen zwischen verschiedenen Nationen. Der Grund dafür ist, dass sehr viele Menschen nicht dazu bereit sind, Verantwortung für ihr eigenes Handeln zu übernehmen. Wenn man dies auf psychologischer Ebene betrachtet, kann man sagen, dass sich diese Menschen wie Kleinkinder im Alter von 18 Monaten bis 3 Jahren verhalten. Dies ist die anale Phase. Sprichwörtlich gesehen, machen diese Menschen sehr viel unschöne Dinge.

Autonomie ist das große Ziel der sieben Säulen der Macht. Der Begründer der Transaktionsanalyse hat besonders viel Wert auf die soziale Kontrolle gelegt. Diese sei der Grundstein der Autonomie. Es ist leider so, dass viele Menschen dies aber falsch verstehen. Sie nehmen an, es würde genügen, die Menschen um sich herum, das Umfeld und verschiedene Dinge zu kontrollieren. Das ist weder Autonomie noch bedeutet es Macht. Es ist eher das Gegenteil der Fall, denn dies beweist nur, wie ohnmächtig die Person selbst ist. Die soziale Kontrolle bedeutet, sich selbst zu kontrollieren, besonders in sozialen Bezügen. Ein Mensch sollte sich demnach immer so verhalten, dass sein Umfeld gestärkt und niemals geschwächt wird. Und genau das kann nur sein, wenn es einem gelingt, sich selbst zu kontrollieren. „Bekomme dich in den Griff", ist ein Sprichwort aus dem Volksmund, welches dies ganz gut beschreibt.

Die Frage der Ausrichtung ist somit geklärt. Die Kontrolle richtet sich immer nach innen. Im Äußeren kann man nicht bewältigen, was tief in einem geschieht. Es müssen tatsächlich die inneren Prozesse kontrolliert werden. Nur so kann sich ein Mensch sozial befähigen und wird gesellschaftsfähig.

Eine Führungskraft kann ohne die Selbstkontrolle nicht gesellschaftsfähig werden und wird auch nicht ihrer übertragenen Verantwortung gerecht. Eine Führungskraft trägt nämlich nicht nur die Verantwortung für sich und ihr Handeln, sondern auch für das Unternehmen und die Mitarbeiter. Daher ist es notwendig, dass eine Führungskraft die Selbstkontrolle etabliert.

Die Selbstkontrolle bedeutet aber auch nicht, dass man sich strikt alles versagen muss, dass man nichts fühlen darf oder wie ein Roboter funktionieren muss. Das freie Kind-Ich soll nicht wieder an die Leine genommen werden. Es geht darum, dass man seine Kreativität und Energie lenkt. Sie können sich folgenden Satz merken: „Die inneren Qualitäten zu koordinieren, das bedeutet Selbstkontrolle."

Ein Mensch befreit in der Säule der Leidenschaft seine Lebensenergie. In der Säule der Selbstkontrolle geht es darum, diese zu lenken und in die richtigen Bahnen zu führen, welche man für angemessen hält. Und hier kommt die Frage auf, was denn überhaupt angemessen ist. Angemessen ist immer das Verhalten, welches weder sich selbst noch den Mitarbeitern/anderen Menschen oder dem Unternehmen Schaden zufügt.

Probleme findet man überall, aber ganz besonders da, wo Menschen versuchen, sich davor zu drücken:

- Verantwortung zu tragen.
- Entscheidungen zu treffen.

Verantwortung ist das Schlüsselkriterium für Selbstkontrolle.
Aber was verbirgt sich hinter dem Begriff Verantwortung? Hiermit ist gemeint, dass eine angemessene Antwort auf die jeweilige Situation gegeben werden muss. Diese Antwort muss man sich selbst, den Mitarbeitern oder dem Unternehmen geben können.

Verantwortung geht immer einher mit Verantwortungsbewusstsein. Dieses richtet sich im Handeln an professionellen Standards und ethischen Prinzipien aus. Es ist also wichtig, dass man Verantwortung für sich und das eigene Handeln übernimmt. Dazu gehört jede Menge Selbstdisziplin und anderen nicht den schwarzen Peter zuzuschieben. Wenn man also die Verantwortung mit dem Satz „Dafür bin ich nicht zuständig" von sich wegschiebt, ist das kein angemessenes Verhalten, sondern verantwortungslos. So versucht man sich nur vor kleinen Problemen zu drücken und hofft, dass sich schon irgendjemand anderes darum kümmern wird. Wenn eine Führungskraft so handelt, kommt sie ihrer Arbeit und ihrer Verantwortung nicht nach.

Leidenschaft wird jedem Menschen in die Wiege gelegt. Selbstkontrolle gilt es jedoch zu entwickeln. Demnach ist uns auch die Verantwortung nicht angeboren. Im Lauf unseres Lebens lernen wir immer mehr, Verantwortung zu übernehmen. Und auch, wenn uns die Verantwortung nicht angeboren ist, so ist uns ein Inneres seismografisches System für Gerechtigkeit angeboren. Der Mensch spürt also genau, wenn etwas gerecht ist.

Wie man nun aber mit dieser Empfindung umgeht, ist genauso

verschieden, wie es auch jeder Mensch ist. Nicht selten kann man beobachten, wie sich eine Führungskraft vor ihrer Verantwortung drückt, sich nicht entschuldigen kann oder versucht, die Dinge geradezubiegen. Manche schleichen sich still davon und andere wiederum setzen noch einen drauf. Hier wird die Verantwortung wie ein Spieß einfach umgedreht. So wird dann behauptet, dass der andere schuld sei. Das bedeutet, aus der eigentlichen Schuld der Führungskraft wird die Schuld eines anderen. Somit versucht die Führungskraft, die eigene Beschämung zu verdecken, ist demnach selbst–gerecht, hat aber keine menschliche Größe, um zu zeigen, dass sie einen Fehltritt gemacht hat. Und so verrückt das auch ist, muss nun das Umfeld dafür büßen.

Versuchen wir doch einmal, Schuld und Schuldgefühle zu differenzieren. Wir haben auf der einen Seite die Schuld als tatsächliche Verschuldung. Der Mensch hat hier also etwas getan oder etwas unterlassen. Ein negativer Effekt wurde verursacht. Durch das eigene Handeln hat sich der Mensch selbst verschuldet. Wenn wir das mit Schulden bei der Bank vergleichen, muss auch diese Schuld mit Zinsen zurückgezahlt werden. Das bedeutet wiederum, dass die Verschuldung nur aufgelöst werden kann, wenn sich der Mensch entschuldet.

Dem gerecht wird nur das deutsche Wort Entschuldigung. Auch eine Bank nimmt kein Falschgeld an. Wer also das Wort Entschuldigung nicht richtig ausspricht, ist nicht entschuldet. Hierbei wird deutlich, dass die Einsicht fehlt und die Fehler tatsächlich und ehrlich bereut werden. Wesentlich wichtiger als die materielle Wiedergutmachung ist dieser emotionale Aspekt, dass man wirklich bereut und einsichtig ist.

Der emotionale Schaden, der bei einem Fehltritt entsteht, ist immer problematisch. Es ist eine äußerst große Herausforderung, diesen emotionalen Schaden, den man bei anderen angerichtet hat, wiedergutzumachen. Es geht dabei nicht darum, sich ganz besonders schuldig zu fühlen, sondern darum, dass man sich dem Gefühl der Reue stellt und nun tatsächlich Verantwortung übernimmt. Das wiederum besagt nicht, dass man sich schlecht fühlen muss.

Auf der anderen Seite hört man jedoch immer wieder, dass jemand Schuldgefühle hat. Ein Gefühl von Verschuldung existiert auch hier, eine tatsächliche Schuld wurde jedoch nicht begangen. Das Gefühl einer Verschuldung besteht, obwohl diese nie stattgefunden hat. Dieses Gefühl kann nicht durch eine Wiedergutmachung ausgelöst werden und das gilt als problematisch. Wie kann ein Mensch etwas wiedergutmachen, was er nicht verbockt hat? Das ist tatsächlich nicht möglich – daraus entsteht ein Teufelskreis. Der Mensch verspürt Schuldgefühle und kann sie nicht durch gute Taten wieder auslösen. Er scheint in seinen Schuldgefühlen gefangen zu sein. Wenn man berechtigten Ärger nicht loswerden kann, kann ebendies vorkommen. Schauen wir uns das doch einmal an einem **Beispiel** an:

Ein Mitarbeiter hat Verbesserungsvorschläge oder Wünsche und wird im Vorstand nicht gehört. Es geht nun darum, dass er sich behauptet. Der Vorstand möchte jedoch davon nichts wissen und der Mitarbeiter sieht sich mit der doppelten Arbeit konfrontiert. Was soll er nun mit seiner Wut anstellen? Wenn er diese den Vorstandsmitgliedern äußert, kann das ein fatales Ende nehmen. Nicht alle Menschen haben einen Boxsack zu Hause, an dem sie ihre Wut auslassen können. Es bleibt einem also nichts anderes übrig, als den berechtigten Ärger herunterzuschlucken. Dieser heruntergeschluckte Ärger wird jedoch im psychischen Verdauungstrakt in Schuldgefühle umgewandelt. Es ist nicht von Belang, wie tief diese Schuldgefühle gehen. Er wird beispielsweise ein latentes Nicht-O.K.-Gefühl verspüren. An dieser Stelle wird dann wahrscheinlich der Antreiber, wie wir ihn bereits in der vorangegangenen Säule kennenlernten, anspringen und versuchen, es dem Vorstand noch vehementer zufriedenstellen wollen.

Eine Faustregel besagt, dass 95 % alle Schuldgefühle eigentlich aufgestauter Ärger sind.

> Bei Schuldgefühlen sollten Sie sich also immer fragen:
> - Habe ich etwas verschuldet?
> - Sitze ich auf altem Ärger?

Natürlich sind diese Fragen nicht immer einfach zu beantworten. Wichtig ist es, darüber erst einmal nachzudenken. Das ist auch die Aufgabe des Machtpotenzials Selbstkontrolle. Denken Sie also darüber nach, somit wird es Ihnen nicht schwerfallen, im Erwachsenen-Ich ungetrübt nachzudenken.

Es ist so, dass dem Erwachsenen-Ich immer jedes Verhalten zugeordnet wird, welches eine Situation in der Realität darstellt. Dabei werden alle Möglichkeiten eingebracht, welche die betreffende Person hat.

Eine Versammlung von Wissenschaftlern steht wohl am ehesten für eine Erwachsenenhaltung. Das wäre ein typisches Klischee. Der Grund dafür ist, dass man diese stets als sachlich und objektiv einschätzt. Das Erwachsenen-Ich beschreibt sich als internationaler Umgang mit der gegenwärtigen Realität. Dabei spielt das Alter der Person keine Rolle.

- Ein Kind ist häufig noch naiv und intuitiv.
- Ein Erwachsener ist logisch und hat einen rational-überlegten, analytischen Verstand.

Informationen werden aufgenommen und verarbeitet. Dabei werden Zusammenhänge erkannt, die Wahrscheinlichkeit der Wahrheit abgewogen und Schlussfolgerungen gezogen. Das ist die Basis für unsere Entscheidungsfindung. Wer eine gute Erwachsenen-Ich-Haltung hat, verhält sich überwiegend sachlich, logisch und konsequent. Die eigenen Wahrnehmungen werden beschrieben und deren Zusammenhänge ohne eigene Verklärung erläutert. Es ist tatsächlich jedem Menschen möglich, diesen Ich-Zustand einzunehmen. Man hätte einzig mit einem Hirnschlag die Chance, sich herausreden zu können. Dennoch ist es möglich, dass dieser produktive Ich-Zustand nicht genutzt wird. Das ist leider keine Ausnahme, sondern wird immer mehr zur Regel.

Als wir uns die Säule der Leidenschaft angeschaut haben, lernten wir Trübungen dieser bereits als die fünf Generäle kennen. Es ist wichtig, dass diese Trübungen aufgelöst werden, damit der Mensch im Erwachsenen-Ich auch angemessen fühlen, denken oder handeln kann. Werfen wir auch hier noch einmal einen Blick auf die Trübungen.

Eine Differenzierung der Ich-Zustände haben wir bereits in den vorangegangenen Säulen vorgenommen. In diesen Säulen wurden also die Kind-Ich-, Erwachsenen-Ich- und Eltern-Ich-Zustände deutlich voneinander getrennt. Tatsächlich ist es aber nicht immer so, dass sich der Inhalt der Ich-Zustände von den anderen unterscheidet. Nicht alle Führungskräfte haben die Fähigkeit, von einem Ich-Zustand in den anderen zu wechseln. Es stellt sich nun die Frage, was wohl passieren wird, wenn sich zwei dieser Ich-Zustände vermischen. Es entsteht eine Trübung. Somit kann eine Führungskraft beispielsweise die Anteile des Kind-Ichs für Anteile des Erwachsenen-Ichs halten. In dieser Situation glaubt sie, aus dem Erwachsenen-Ich-Zustand zu handeln, in Wirklichkeit präsentiert sie sich aber aus Impulsen aus dem Kind-Ich und zeigt sich somit als rebellisch. Es ist aber auch möglich, dass sie den Vorgaben aus dem Eltern-Ich folgt und sich von den fünf Generälen steuern lässt. Man kann auch sagen, dass die Inhalte des einen Ich-Zustandes die Grenzen durchbrochen haben und somit in den anderen Ich-Zustand eingedrungen sind. Es wird immer nur das Erwachsen-Ich getrübt, wodurch zwei Varianten möglich sind.

Die Eltern-Ich-Trübung

Wenn eine Führungskraft elterliche Behauptungen für die Realität ihres Erwachsenen-Ichs hält, so besteht eine Trübung aus dem Eltern-Ich. Diese Überzeugungen haben sie von ihren Autoritätspersonen übernommen und zudem als Fakten begriffen. Das bedeutet, dass das, was die Eltern oder andere Autoritätspersonen einmal sagten, Fakt und unangreifbar ist. Mit anderen Worten gesagt, sind das die Vorurteile oder auch die Generäle, welche in unserem Kopf hausen.

Folgende Beispiele sind mögliche Eltern-Ich-Trübungen:
Meine Mitarbeiter sind faul.
Vom Produkt hat dieser Betrieb keine Ahnung.
Die Verwaltung macht den ganzen Tag nichts anderes, als zu schlafen.
Anderen kann man sowieso nicht trauen.

Tipp:
Menschen, die gern mit „man" reden, sind höchstwahrscheinlich einer Eltern-Ich-Trübung verfallen. Hierzu ein Beispielsatz: „Dieser ganze Teamquatsch bringt doch nichts. Pack schlägt sich, Pack verträgt sich. Das ist nun einmal so und da kann man nichts machen." Genau diese Äußerungen sind es, die man als Kind von seinen Eltern übernimmt. Ohne sie zu prüfen, werden diese in jeder Situation geglaubt.

Die Kind-Ich-Trübung

Durch das Wiedererleben aller Situationen ist das klare Denkvermögen beeinträchtigt. In diesem Fall hat man eine Kind-Ich-Trübung. Der Mensch glaubt also, dass er die Realität erlebt, stattdessen wurde aber eine alte Platte wieder aufgelegt.

Beispiel:
Man verlässt den Raum und hört die anderen lachen. Wer sich in der Kind-Ich-Trübung befindet, wird Folgendes denken: „Das war ja klar, dass die hinter meinem Rücken über mich lachen."

In diesem Fall spricht man von Selbsttäuschungen:

- Ich kann nicht vor anderen Leuten sprechen.
- Bei einer Fremdsprache und mir prallen verschiedene Welten aufeinander.
- Hektik wurde mir angeboren.
- Mich nimmt sowieso keiner ernst.

Genau diese Trübungen sorgen für eine Verzerrung des Denkens und führen zu Einengungen der Handlungsmöglichkeiten. In Ihrem persönlichen Bezugsrahmen zeigt sich, ob und wie sie Ihre Fühl-, Denk- und Handlungsmöglichkeiten einengen.

Der persönliche Bezugsrahmen

In welchem Rahmen ist man eingezogen? Ist dieser vielleicht erweiterungsfähig? Hat dieser starre und unbewegliche Grenzen? Werden neue Informationen integriert oder prallen diese an Ihnen ab? Sind Sie dazu in der Lage, Ihren eigenen Bezugsrahmen an neue Informationen anzupassen und diesen somit auch zu erweitern? Sehen Sie alles durch eine getönte Brille? Sind Sie dazu in der Lage, Neues zu assimilieren?

Wenn wir von einem Bezugsrahmen sprechen, ist das Bezugssystem einer Person gemeint, also der eigene Maßstab, zu urteilen, ob etwas wichtig, unwichtig, gerecht oder falsch eingeschätzt wird. Der Bezugsrahmen wird in der Transaktionsanalyse umfassender verstanden, nämlich als Realität, in der man lebt. Alle Erfahrungen, die ein Mensch macht, werden so sortiert, dass eine erkennbare Struktur entstehen kann. Das ist der gewohnte Rahmen. Jeder Mensch fühlt sich in seinem Rahmen sicher und wohl.

Bei manchen Menschen ist es so, dass sie sich aufgrund einer Neuorientierung unsicher fühlen. Diese können erst dann wieder entspannen, wenn die Neuorientierung gelungen ist. Wenn dies aber nicht gelingt, führt es zu

Aggressivität oder Resignation. Der Handlungsspielraum, zwischenmenschliche Beziehungen, das Ziel und die gültigen Normen im Unternehmen haben Einfluss darauf, ob die Neuorientierung funktioniert.

Es lässt sich auch sagen, dass der Bezugsrahmen eines Menschen eine Sammlung eigener Überzeugungen ist, also die persönliche Weltanschauung. Dieser Rahmen wird als tief sitzende Meinung empfunden. Notfalls wird diese auch verteidigt. Es ist aber natürlich so, dass es eine unüberschaubare Anzahl von Überzeugungen gibt. Der Mensch hat vier große Kategorien bereits in der Säule der Standfestigkeit gefunden, in welcher er alle Einstellungen eingliedern kann.

Abhängig davon, ob ein Mensch das Vermögen dazu hat, die Meinungen sowie die Einstellungen anderer zu integrieren, lässt sich der eigene Bezugsrahmen flexibel erweitern. Es ist so, dass viele Führungskräfte, aber auch Mitarbeiter, abwehrend auf neue Informationen reagieren. Man nimmt das Neue als Bedrohung wahr, es wird ganz ausgelassen oder verzerrt wahrgenommen, damit es doch noch in die alten Schubladen passt.

Schauen wir uns das Ganze an einem **Beispiel** an.

Eine Führungskraft meint, dass doch alle unfähig sind. Dadurch werden die Mitarbeiter abgestempelt und bekommen nur unwichtige Aufgaben übertragen, wodurch sie die deutliche Missbilligung spüren. Dadurch werden diese frustriert, ziehen sich innerlich zurück und machen nur noch den Dienst nach Vorschrift. Aufgrund dieser Reaktionen sieht die Führungskraft die Mitarbeiter in ihren Vermutungen bestätigt. Es folgen Sätze wie: „Es setzt sich sowieso keiner für das Unternehmen ein!"

Sie wird auch weiterhin keine wichtigen Aufgaben an die Mitarbeiter übertragen. Der Bezugsrahmen wird dadurch bestätigt. Es handelt sich hierbei aber um einen Teufelskreis. Der Chef nörgelt an dem Mitarbeiter herum, dieser zieht sich frustriert aus seinen Verantwortungsbereichen zurück. Es kann aber auch so sein: Der Mitarbeiter zieht sich aus seinen

Verantwortungsbereichen zurück, der Chef nörgelt an ihm herum. Beide erleben sich hier als Reagierende auf die provozierende Eigenart des jeweils anderen. Aber wie kann das passieren?

Mithilfe der selektiven Wahrnehmung wird der vorhandene Bezugsrahmen bestätigt. Informationen, Meinungen sowie Einstellungen, welche nicht in den vorhandenen Bezugsrahmen einer Person passen, nimmt man nicht wahr, werden ausgeklammert oder so lange zurechtgebogen, bis sie in das alte Muster passen.

Vielleicht kennen auch Sie genau das aus Ihrem Arbeitsalltag. Es wird ein Problem angesprochen, die Kollegen sehen es jedoch anders. „Ich möchte mal wissen, woher Sie so etwas immer holen.", oder aber, und diese Reaktion ist besonders bei älteren Kollegen beliebt: „Ja, das kenne ich auch, aber wenn Sie in mein Alter kommen, werden auch Sie sehen, dass die es nicht anders wollen. Egal, wie sehr man sich bemüht, es wird nichts passieren." Hier liegt eine Leugnung beziehungsweise Abwertung der bestimmten Realitätsaspekte zugrunde, das sogenannte ‚Discounting'.

Dies ist der Nährboden für unproduktiven Umgang mit Problemen. Gleichzeitig ist es aber auch eine Quelle von Blockierungen und Missverständnissen hinsichtlich der Kommunikation. Wer weiß, worauf es zu achten gilt, erkennt es sofort: zu vergessen, zu übersehen, nicht wichtig zu nehmen, herunterzuspielen, zu vermeiden, zu bestreiten, zu leugnen und noch vieles mehr.

Es lässt sich eine Hierarchie des Problembewusstseins aus diesen Reaktionen ableiten. Diese unterteilt sich in vier Ebenen, welchen mindestens eine Abwertung zugrunde liegt. Je weiter man von einer Lösung entfernt ist, desto mehr Energie wird in Ineffektivität verschwendet. Je näher man aber einer Lösung kommt, desto mehr Energie wird man für diese zur Verfügung haben. Daraus ergibt sich, dass man auch klarer denken kann.

Die vier Ebenen sind:

• 1) Nichts zu tun: Hier ist man am weitesten von einem konstruktiven und verantwortlichen Umgang mit dem Problem entfernt.

• 2) Das macht nichts: Das Problem wird wahrgenommen, aber als nicht so schlimm eingestuft. Das Problem wird abgewertet.

• 3) Da kann man nichts machen: Es wird erkannt, dass das Problem bedeutend ist, aber es wird geglaubt, dass es nicht lösbar ist.

• 4) Ich kann nichts ausrichten: Die eigenen Fähigkeiten werden vollkommen abgewertet und oftmals auch Behauptungen aufgestellt, die nicht stimmen.

Eine Führungskraft, welche immer wieder stark abwertet, wird sich wiederholt in größere Stresssituationen katapultieren als jene, die weniger abwerten: Energie wird verschwendet. Beim Problem und dessen Lösung kommt sie nicht voran und steckt fest, dadurch entstehen weitere unangenehme Gefühle. Durch passives Verhalten wird die scheinbare Unfähigkeit verdeutlicht, es entstehen Minderwertigkeitskomplexe.

Wenn eine Führungskraft relevante Informationen wahrnimmt und beachtet, ist sie einen konstruktiven Umgang mit Problemen am nächsten und kann die Bedeutung des angezeigten Problems realistisch einschätzen. Dadurch können Sie auch unterschiedliche Möglichkeiten für eine Lösung in Betracht ziehen und sich letztendlich für eine angemessene Möglichkeit entscheiden und diese umsetzen.

Tipp:
Disziplinieren Sie sich dazu, alle Aspekte wahrzunehmen sowie in deren Wertigkeit zu realisieren, welche eine Situation zur Verfügung stellt. Wenn dies dennoch nichts voranbringt, sollte man eine Diskrepanz zwischen dem Problem und dem eigenen Problembewusstsein suchen. Es ist daher eine

Prüfung notwendig, ob man die gegebene Situation allein analysieren oder sich Unterstützung von einer neutralen Person suchen sollte. Können Sie am Ende der Selbstanalyse die erreichte Stufe aufrechterhalten? Macht man einen Rückschritt, ist es wichtig zu überprüfen, weshalb man diesen machte, beziehungsweise gilt es zu überprüfen, warum man in den Widerstand ging.

Fassen wir noch einmal zusammen:

- Das ungetrübte Erwachsen-Ich ist die Selbstkontrolle.

- Verantwortung ist das Schlüsselkriterium der Selbstkontrolle.

- Wer sich selbst oder seine Mitarbeiter verantwortungsvoll führen will, braucht unbedingt ein ungetrübtes Erwachsenen-Ich.

- Es ist wichtig, einen getrübten Erwachsenen-Ich-Zustand zu klären, um produktiv tätig sein zu können.

- Reife und Macht erlangt man, wenn man den Widerstand aufgibt.

- Wer die Selbstkontrolle hat, kann klar und unbelastet denken.

- Im Umgang mit neuen Situationen verfügt man über Sicherheit und Souveränität.

- Man strahlt Selbstbewusstsein und Tatkraft aus.

- Auch mit persönlicher Macht und Stärke hat man ein hohes Maß an Sensibilität und Mitgefühl gegenüber anderen.

- Man wird als verantwortungsvolle und vertrauenswürdige Person erlebt.

- Als Gewinner gelten Führungskräfte mit einem ungetrübten Erwachsenen-Ich.

12.7 LIEBE

Können Sie wahrhaftig und ohne Bedingungen lieben? Die Säule der Liebe ist die innere Mitte, welche uns die Kraft der Liebe schenkt, mit welcher wir Berge versetzen können. Auf psychischer Ebene betrachtet, geht es hier darum, dass jeder Mensch das Recht hat, geliebt und wohlwollend angenommen zu werden, sich nicht verbiegen zu müssen, es niemandem recht machen zu müssen und ohne etwas dafür tun zu müssen. Wie auch in den ersten Säulen gibt es hier zwei Pole, die gegeneinander spielen: Liebe und Gleichgültigkeit.

Ein Mensch, der lieben kann, ist auch dazu in der Lage, über sich selbst hinauszuwachsen, die eigenen Grenzen zu sprengen und Dinge, die eigentlich unmöglich erscheinen, zu erreichen.

Gibt sich aber der Mensch der Kälte der Gleichgültigkeit hin, gibt es kein Wohlwollen mehr. Das ist ein sehr erschreckender Zustand, welcher an Grausamkeit grenzt und dabei andere verletzt. Der Mensch ist hier kalt und gleichgültig.

Waren auch Sie schon einmal verliebt? Dann wissen Sie sicher, dass dies ein wunderbares Gefühl ist. Jeder Mensch, auch wenn er es nicht offen zeigt, möchte lieben und von anderen geliebt werden. Jeder von uns weiß, wie wunderbar das Gefühl ist. Eine Führungskraft, die sich selbst akzeptiert, kann ihren Mitarbeitern entspannt und wohlwollend begegnen.

Die Liebe ist sehr machtvoll. Durch diese wird der liebevolle und auch unterstützende Umgang mit Mitarbeitern gewährleistet. Er führt regelrecht weg von der Egozentrik. Wenn die Säule der Liebe gut entwickelt ist, macht diese keinen Unterschied zwischen Sympathie und Antipathie. Sie gibt große Kraft und Offenheit. Es werden Verbindungen zu anderen Menschen geschaffen, ohne dass der Mensch selbst egoistische Interessen im Auge behält.

Das Herz-Chakra ist die Menschenmitte. Diese verbindet auch die ersten drei Säulen, welche mit Emotionen zusammenhängen und effektgesteuert sind, mit den drei Säulen des höheren menschlichen Bewusstseins. Tatsächlich spielt dieses Machtpotenzial für die persönliche Entwicklung eines Menschen eine große Rolle.

Der Schlüssel zur Menschlichkeit ist die Liebe.

Menschen, deren Machtpotenzial Liebe entwickelt ist, verfügen über folgende Dinge:

- Menschlichkeit
- Mitgefühl
- Zuneigung
- Nächstenliebe
- Selbstwertgefühl
- Gefühlswärme
- Künstlerische Ausdruckskraft
- Toleranz
- Offenheit
- Gesunde Abgrenzung.

Wenn die Säule der Liebe bei einer Führungskraft gut entwickelt ist, so ist diese zur Kommunikation von Herz zu Herz fähig. Dem Mitarbeiter wird also unbefangen, ungekünstelt und ohne dass man sich selbst verstellen muss, entgegengetreten. Ebenso selbstverständlich sind dabei Offenheit und Toleranz anderen Ideen und Kulturen gegenüber als auch die gesunden Beziehungen. Wenn die Säule der Liebe gesund entwickelt ist, ist es für den Menschen leichter, Verantwortung zu übergeben. Verantwortung für Mitarbeiter, Kollegen, Projekte oder auch das Unternehmen.

Der Feind der Liebe ist das Leid. Es kommt darauf an, wie der Mensch persönlich ausgerichtet ist, dementsprechend manifestiert sich das Leid entweder als Mitleid oder Selbstmitleid. In Form von Herzbeschwerden, einem Engegefühl in der Brust sowie Atemproblemen können sich die Störungen in der Säule der Liebe auswirken. Der Mensch findet nur sehr schwer Zugang zu den eigenen Gefühlen, wenn die Kraft der Liebe sehr schwach entwickelt ist. Dabei spielt es noch nicht einmal eine Rolle, ob die ersten drei Säulen gut ausgebildet sind.

Eine Führungskraft, deren Säule der Liebe nur schwach entwickelt ist, ist auch unfähig, ihre Mitarbeiter zu umsorgen. Sie kann sich auch selbst nicht lieben. Oftmals leiden diese unter Einsamkeit, Isolation und das Kontakteknüpfen fällt ihnen schwer. Auf diese Weise entstehen viele Probleme, welche mit dem Geben und dem Nehmen zusammenhängen. Auch das Öffnen gegenüber Mitarbeitern fällt ihnen schwer sowie das Wahrnehmen ihrer Stimmungen. Diese Führungskraft ist nicht dazu in der Lage, die Anerkennung durch andere anzunehmen oder Selbstanerkennung zu vermitteln. Es ist daher nicht verwunderlich, dass diese Führungskraft gefühlskalt auf andere wirkt. Da es diesen Führungskräften an Wärme und Mitgefühl mangelt, wird deren Verhalten oftmals als Feindseligkeit und Egoismus interpretiert.

Es gibt Führungskräfte, welche immer wieder versuchen, diesen Mangel auszugleichen. Dies tun sie wie folgt: Gegenüber ihren Mitarbeitern sind sie betont freundlich, hilfsbereit oder tolerant. Dieses Verhalten wirkt jedoch sehr unpersönlich, denn das, was man nicht hat, kann man auch nicht geben. Dies ist eine pervertierte Form der Liebe und kann sogar bis zum Helfersyndrom reichen. Hierbei vergisst man sich selbst, aber opfert sich regelrecht für andere auf. Wenn das Machtpotenzial der Liebe entwickelt ist, so schützt dieses vor kalten Gefühlen, Schwierigkeiten beim Kontakte-Knüpfen, Härte, Verbitterung und Feindseligkeit.

Für einen vertrauensvollen Kontakt mit anderen Menschen ist die Entfaltung der Säule der Liebe die Grundvoraussetzung. Ein wichtiger Inhalt davon ist die Selbstliebe. Wenn sich ein Mensch selbst nicht leiden kann und sich selbst nicht mag, wie soll es dann anderen gegenüber möglich sein?

Wahrscheinlich fragen Sie sich in diesem Moment, was denn die Liebe mit dem Arbeitsplatz zu tun haben soll. Schließlich geht man arbeiten, um Geld zu verdienen. Es ist daher nicht verwunderlich, dass manche Unternehmen genau diese Säule weglassen oder zumindest als Fürsorge bezeichnen wollen. Immerhin wäre das nicht so intim und führt auch nicht zu Missverständnissen.

Doch man sollte sich tatsächlich fragen, was denn an der Liebe so missverständlich ist. Wären Sie selbst dazu in der Lage, ohne Liebe leben zu können? Ein Mensch macht viele Dinge, um die Liebe zu finden. Manch einer reist um die Welt oder zieht an einen anderen Ort, um mit der Liebe seines Lebens zusammen zu sein. Es werden neue Sprachen gelernt, sich in fremde Kulturen integriert und das ist alles für die Liebe. Machen Sie so etwas vielleicht auch für Ihren Beruf?

Viele Menschen möchten die Liebe und den Beruf trennen. Es ist so, dass jeder im privaten Bereich die Liebe braucht. Aber wie ist das mit dem beruflichen Bereich? Braucht man da etwa keine Liebe? Ich sage Ihnen, dass man sie auch da sehr wohl braucht. Auch, wenn man nicht privat am Arbeitsplatz ist, so ist man doch persönlich dort. Jede Person braucht und will Liebe. Das bedeutet aber nicht, dass es sich am Arbeitsplatz um intime Liebe handeln sollte. Ein gewisses Maß an liebevollem Kontakt ist aber dennoch wichtig.

Viele Skeptiker sollten sich daran erinnern, dass wir in der heutigen Zeit fast ausschließlich den Faktor Mensch optimieren können, da alle anderen Faktoren zum größten Teil bereits ausgereizt sind. Und Emotionen sind nun einmal das, was jeden Menschen bewegt. Es kann sich daher niemand leisten, auf sein emotionales Kapital zu verzichten.

Jeder kennt die Liebe und weiß auch, was sie ist. Doch wenn man dieses Wort definieren soll, fällt das schwer. Immerhin sind Gefühle sehr komplex und man kann dieses schwer mit nur einem kurzen Satz beschreiben.

Außerdem ist es auch so, dass die Liebe verschieden intensiv sein kann und auch ein unterschiedliches Gewicht hat. Die Liebe zu den eigenen Eltern ist beispielsweise eine andere als zu seinem Partner oder zu den eigenen Kindern. Sie ist somit auch anders gegenüber den Mitarbeitern.

> **Versuchen wir uns nun also an einer Definition des Wortes Liebe.**
>
> Liebe ist viel mehr als nur ein Gefühl. Die Liebe ist die wohl größte Heilkraft auf der ganzen Welt. Die Liebe hat eine kleine Schwester, welche den Namen Sympathie trägt. Beide lassen sich in nur wenigen Aspekten unterscheiden.

Die folgenden drei Aspekte zeichnen die Liebe aus:

• Die Fürsorge: Hier geht es um die Sorge des Glücks und Wohlergehens des anderen Menschen.

• Die Bindung: Beschreibt das Bedürfnis, einem anderen Menschen nahe zu sein und diesen zu umsorgen.

• Die Intimität: Beschreibt die Offenheit, dass man über alles sprechen und sich frei fühlen kann.

Tatsache ist, dass ein Leben ohne Liebe krank macht.

Die Sympathie zeichnet sich durch folgende zwei Aspekte aus:

• Wertschätzung

• Man nimmt an, dass der Partner ähnlich ist.

An dieser Stelle werden sich wahrscheinlich viele Führungskräfte bestätigt fühlen und beharren darauf, dass Wertschätzung am Arbeitsplatz ausreichend sein müsse. Intimität hingegen gehört nicht an den Arbeitsplatz. Allerdings vergessen die meisten Führungskräfte, dass eine ihrer Pflichten die Fürsorgepflicht ist. Es ist die Aufgabe einer jeden Führungskraft, ihre Mitarbeiter so zu lieben, wie es Eltern tun. Immerhin hat man die Verantwortung für das Wohlergehen und das Wachstum eines jeden Mitarbeiters.

Im Machtpotenzial der Liebe ist also die Elternliebe aktiv. Das Konzept haben Sie bereits durch die Ich-Zustände kennengelernt. Es braucht also ein positiv fürsorgliches Eltern-Ich. Dieses zeigt Eigenschaften und Verhaltensweisen, wie die fürsorgliche Mutter ihrem Kind gegenüber:

- Schutz
- Fürsorge
- Lob
- Hilfe
- Unterstützung
- Besänftigung
- Ermutigung.

Und genau diese Eigenschaften sind es, welche für Mitarbeiter in vielen Situationen unverzichtbar sind. Zudem werden sie auch sehr geschätzt. Mit der positiv-fürsorglichen Eltern-Ich-Einstellung sorgt man für echten Respekt für die Mitarbeiter. Es sollten sich alle Führungskräfte fragen, ob deren Handeln einer fürsorglichen Haltung entspricht. An dieser Stelle sollte niemand zurückschrecken und sich fragen, wie anstrengend es werden wird, all seine Mitarbeiter zu lieben. Diese Angst kann ich Ihnen sofort nehmen, denn es geht nicht darum, 200 liebevolle Beziehungen einzeln aufzubauen. Es ist viel wichtiger, dass eine einzige gefestigt und stabil etabliert wird und das ist die liebevolle Beziehung zu sich selbst. Das eigene Herz öffnet sich so automatisch und alle 200 Mitarbeiter können darin Platz finden. Diese Anstrengung zeigt einem auf, wie sehr man versucht, Liebe zu einem anderen aufzubauen, welche diese für sich selbst noch nicht gut entwickelt hat.

Merken Sie sich am besten folgenden Satz:
„Je mehr Anstrengung man empfindet, desto mehr sollte man an seiner Liebesfähigkeit arbeiten.“

Wer sich selbst lieben kann, wird merken, wie einfach es ist, auch den garstigen Zeitgenossen etwas Positives abzugewinnen. So fällt es einem auch leichter, diese wohlwollend zu betrachten. Die Liebesfähigkeit sowie die Führungsfähigkeit werden steigen. Sie können sich dafür eine Sprossenwand der Liebe vorstellen. Je mehr man fähig ist zu lieben, desto höher kommt man hinauf. Man liebt zuerst nur dann, wenn man geliebt wird. Nun liebt man spontan und möchte wieder geliebt werden. Später ist es so, dass man liebt, auch wenn man nicht geliebt wird. Das liegt daran, dass die Liebe angenommen wird. Jetzt endlich liebt man ganz rein und einfach ohne ein Bedürfnis sowie ohne eine andere Freude als nur die Liebe selbst.

Die Liebe kann auch als Motivator für Veränderungen bezeichnet werden. Wenn der Mensch Lust dazu hat und bereit dazu ist, sich für jemanden oder für eine Sache einzusetzen, entspringt diese der Liebe. Dafür ist jede Menge Energie notwendig, welche aus der Säule der Leidenschaft zur Verfügung gestellt wird. Die Säule der Standfestigkeit sorgt zudem für Halt, damit man sich und auch das Ziel nicht aus den Augen verliert. Es ist also so, dass sich der Motivator aus drei Bereichen zusammensetzt. Diese hat der Mensch in den ersten drei Säulen gefestigt. Wir sprechen hier von Individualität, Loyalität und der Wahrheitsliebe.

Die fest verankerte Individualität

Wer also eine positive Position eingenommen hat, wird lernen, sich so zu lieben, wie er tatsächlich ist. Hierbei geht es vor allem darum, dass der Mensch sich so annimmt und akzeptiert, wie er ist. Das bedeutet auch, die kleinen Fehlerchen und Mängel anzunehmen. Viele Menschen empfinden sich nur als liebenswert, wenn sie einem gewissen Schönheits- oder Leistungsideal entsprechen. Das zeigt uns, wie wenig der Bereich der Liebe entwickelt ist, denn so kann man nicht von Stabilität sprechen.

Die standfeste Loyalität

Hat man gelernt, sich selbst zu lieben, so ist man auch dazu bereit, sich anderen Menschen zuzuwenden. Man bezeichnet das auch als Liebe für das Gegenüber. Wichtig ist, dass man sich emotional, sachlich und vor allem loyal verhält. Es ist zudem auch von Bedeutung, dass der Mensch ein Bewusstsein dafür entwickelt, welche Rolle er im Leben seiner Mitmenschen spielt. Dies geht mit der Säule der Selbstkontrolle einher, welche für Verantwortung gegenüber anderen Menschen steht.

Die bewusste Wahrheitstreue

Hier steht vor allem im Fokus, wie wichtig die Wahrheit ist. Liebe kann nur gedeihen, wenn sie aufrichtig ist. Narzissten haben aus diesem Grund beispielsweise große Probleme mit der Selbstliebe. Ein Narzisst glaubt, dass er der beste und größte sei, doch damit macht er sich oft etwas vor. Und aufgrund der Tatsache, dass sich Narzissten etwas vormachen, sind sie nicht dazu fähig, wahrhaftig zu lieben. Sie betrügen sich im Grunde selbst. Ein Narzisst kann erst lieben, wenn er dazu bereit ist, auch seine Ecken und Kanten wahrzunehmen und sich selbst lieben zu können. Es wurde bereits deutlich, dass eine Führungskraft die Aufgabe hat, ihre Mitarbeiter zu lieben. Im Gegenzug dazu wäre es doch auch für sie schön, Liebe von den Mitarbeitern zu spüren. An dieser Stelle kommen wir allerdings zu einem Problem. Genau das wünschen sich vor allem viele weibliche Führungskräfte. Wenn man dadurch aber seine Kritikbereitschaft verliert, immerhin will man den Mitarbeitern nicht auf die Füße treten, kann es passieren, dass man sich selbst entmachtet. Die Konfliktfähigkeit wird so um die Konfrontationshemmung reduziert. Es entsteht eine Plus-Minus-Position. Und aus dieser entspringt der Wunsch, dass man auch von den Mitarbeitern geliebt werden will. Die Verlockung, des „Sei-gefällig-Antreibers" ist hier wahnsinnig groß. Die Führungskraft wird versuchen wollen, ihren Mitarbeitern alles recht zu machen. Auf der gegenüberliegenden Seite steht allerdings die notwendige Kritik, welche nicht angenehm ist.

Durch diese Plus-Minus-Kombination kann die Führungskraft nicht kraftvoll sein. Wer von seinen Mitarbeitern geliebt werden möchte, braucht diese. Eine Führungskraft, die abhängig ist, kann keine mächtige Führungskraft sein. In diesem Fall ist sie eher ohnmächtig, womit die Plus-Minus-Position bestätigt wird.

Eine männliche Führungskraft hingegen neigt dazu, respektiert werden zu wollen. Das wiederum hemmt sie nicht in ihrer Konfliktbereitschaft. Diese sind sogar kraftvoller im Kontakt mit ihren Mitarbeitern. Und auch, wenn eine männliche Führungskraft sich Respekt wünscht, wird diese nicht davor zurückschrecken, ihr Feedback zu äußern und andere damit klar zu konfrontieren. Und wenn es dann manchmal vorkommt, dass ein Mitarbeiter persönlich wird, so zieht das der Führungskraft nicht gleich den Boden unter den Füßen weg. Man kann sagen, dass sie folgende Einstellung haben:

„Auch, wenn man mich persönlich nicht mag, so schätzt man doch meine Arbeit als Führungskraft." Solche Führungskräfte sind also am Tun interessiert. Das macht sie wiederum kraftvoll. Eine Führungskraft, welche sein-orientiert ist, steht sich jedoch im Weg, vor allem dann, wenn sie gute Beziehungen über die Arbeit stellt. Hierfür gibt es eine Faustregel: Eine Führungskraft hat die Pflicht, ihre Mitarbeiter zu lieben. Die Mitarbeiter sollen die Führungskraft respektieren und wertschätzen.
Die Liebe wird auch als das positiv-fürsorgliche Eltern-Ich bezeichnet.

Fassen wir also noch einmal zusammen:

- Zuwendung ist das Schlüsselkriterium der Liebe.
- Unverzichtbar ist das produktiv-fürsorgliche Eltern-Ich; nur so kann die Fürsorgepflicht gegenüber den Mitarbeitern gewährleistet werden.
- Der produktive Ich-Zustand muss weiter ausgebildet werden.
- Menschlichkeit ist der Effekt einer liebevollen Führung.

- Den Mitarbeitern wird Schutz, Unterstützung und Ermutigung gegeben.
- In emotionsgeladenen Situationen kann eine Führungskraft ihre Mitarbeiter dennoch stärken.
- Die Führung ist wohlwollend und bestimmt von gesunden Beziehungen.
- Von Toleranz und Offenheit geprägt ist die Art der Führungskraft, mit ihren Mitarbeitern umzugehen. Das Ganze ist verbunden mit einer gesunden Abgrenzung.
- Wenn die Säule der Liebe ausreichend entwickelt ist, so ist der Mensch reich an Zuwendung und Wohlwollen. Dabei hat er Spaß am Leben.
- Wahre Gewinner sind Führungskräfte mit einem positiv-fürsorglichen Eltern-Ich.

12.8 KOMMUNIKATION

Gelingt es Ihnen immer, den richtigen Ton zu finden? Durch die Kommunikation ist es einem Menschen möglich, sich auszutauschen. Man möchte die Wahrheit heraushören und sprechen. Das Machtpotenzial Kommunikation verleiht einem die Stimme. Und auch hier gilt wieder zu sagen, dass zwei polare Kräfte herrschen. Diese sind Verständnis und Taubheit.

Wer kommuniziert, möchte etwas bekannt machen. Durch Kommunikation ist es den Menschen möglich, sich mitzuteilen. Man spricht hier auch vom Geben und Nehmen auf der geistigen Ebene. Menschen, die nicht kommunizieren, verstummen. Laut oder leise. Laut wird durch Dominanz, Manipulation und Machtspiele deutlich. Leise wird durch Schüchternheit, Hemmungen und die Angst vor Konflikten deutlich. Hier fehlt der Mut, zu seiner eigenen Meinung zu stehen, wodurch die Identitätswahrung gefährdet ist.

Die Säule der Kommunikation ist eine Schnittstelle zur Außenwelt. Durch diese wird die Innenwelt widergespiegelt und sorgt für eine passende Umgebung auf materieller und sozialer Ebene. Egal, welchen inneren

Haltungsschaden man hat, dieser ist immer an der eigenen Kommunikation erkennbar. Der Selbstausdruck wird dadurch gesteuert und die Körperhaltung, Sprache, Mimik und Gestik werden strukturiert.

Das Motto der Säule der Kommunikation lautet also: „Der Mensch kann zeigen, was in ihm steckt." Wenn dieses Machtpotenzial erweitert wird, gelingt es, die innere und äußere Wahrnehmung zu steigern. So kann man sein Inneres unverfälscht nach außen tragen.

Menschen, deren Machtpotenzial Kommunikation gut entwickelt ist, verfügen über folgende Dinge:

- Sprachbewusstsein
- Ausgeprägte Kommunikationsfähigkeit
- Sicherheit in Sprache
- Sicherheit in Ton
- Lernfähigkeit
- Konzentrationsfähigkeit
- Unterscheidungskraft
- Rationales Denken
- Gut entwickelte Unabhängigkeit
- Gut entwickelte Individualität
- Vielseitige Interessen
- Inspiration.

Ist die Säule der Kommunikation bei einer Führungskraft gut entwickelt, so ist diese dazu befähigt, sich ausdrücken zu können sowie sich anderen mitzuteilen. Hier wird die Macht des Wortes genutzt, aber auf keinen Fall ausgenutzt. Diese Führungskräfte haben demnach ein Gespür für Sprache und das gesprochene Wort, welches untrüglich ist. Sie sind dazu in der Lage, zu erkennen, was zwischen den Zeilen steht. In unüberschaubaren Informationsmaßen sind diese Führungskräfte auch dazu in der Lage, den roten Faden zu finden. Zudem ist deren Lern- und Konzentrationsfähigkeit sehr hoch, was wiederum den persönlichen Wissensdurst stillt. Die Merkmale einer gereiften Persönlichkeit sind das beständige Streben nach der Wahrheit sowie die Kraft, dieser Wahrheit auch Ausdruck zu verleihen.

Der Feind der Kommunikation ist die Lüge.
Wenn die Säule der Kommunikation nur schwach entwickelt ist, so gibt es große Schwierigkeiten, wenn sich Führungskraft und Mitarbeiter austauschen wollen. Betroffene berichten oft, dass ihnen folgende Dinge schwerfallen:

• Die richtigen Worte zu finden
• Gefühle und Gedanken in Sprache zu fassen
• Den richtigen Ton zu treffen.

Mangelt es an Ausdrucksmöglichkeiten, so kommt es in Extremfällen sogar zu Sprachstörungen, beispielsweise dem Stottern.

Den Führungskräften, welche betroffen sind, ist dabei wenig bewusst, dass sie Angst vor ihrer eigenen Meinung haben. Sie haben eine große Scheu davor, anderen Menschen ihre Gedanken und Gefühle mitzuteilen. Durch diese entstehen weitere Hemmungen und Schüchternheit. Es kommt sogar dazu, dass diese Menschen sich nicht mehr an der Gesellschaft anderer erfreuen können. Wenn es Blockierungen innerhalb dieses Machtpotenzials gibt, so sabotieren diese die innere Kommunikation. Der Mensch kann sich hier nur sehr schwer entscheiden, was er wirklich will. Der Kontakt zum eigenen Unterbewusstsein ist erheblich gestört, wodurch es sehr schwerfällt, aus den eigenen Fehlern lernen zu können.

Wenn dieses Machtpotenzial fehlgeleitet ist, so sind die Probleme, welche daraus resultieren, gut hörbar.

- Heiserkeit
- Stockende Stimme
- Man wirkt hart
- Man neigt dazu, schnell zu erschöpfen.

Von den Mitarbeitern wird eine solche Führungskraft als zwanghaft und als rücksichtsloser Schwätzer, der nicht an den Worten anderer interessiert ist, wahrgenommen. Man kann hier sagen, dass diese Führungskräfte versuchen, durch viel Reden zu vertuschen, dass sie im Grunde genommen nichts zu sagen haben. Weitere Ausdrücke von pervertierter Kommunikation sind hier Aufhetzung gegen andere sowie Tyrannei.

Es finden sich hier sogenannte Demagogen. Diese wollen die Welt verändern, und zwar nach ihren Vorstellungen. Dafür bieten sie viele gut ausgedachte Gründe. Sie diskutieren nur um des Diskutierens willen. Sie streiten um des Streitens willen. Einen Sinn ergibt das nicht, denn Kommunikation wird nicht genutzt, um ein Ziel zu erreichen, welches beiden Seiten ein Weiterkommen ermöglicht. Es geht hier einzig und allein um die Reibung. Hier wird der Geist der abwertenden Plus-Minus-Einstellung gezeigt. Das ist zudem auch der Beweis, dass diese Person nicht dazu in der Lage ist, in der Säule der Liebe intim zu sein. Es wird versucht, über den Streit eine Ersatznähe herzustellen.

> **Hierfür gibt es folgende Faustregel: In der Kommunikation fallen keine Probleme an, sondern auf.**

In dieser Säule entstehen sehr selten psychische oder körperliche Symptome. Vielmehr werden hier die Haltungsschäden aus den vorangegangenen Machtpotenzialen deutlich. Dementsprechend kann die Säule der Kommunikation auch ein Diagnostikum sein. Wer dies versteht, wird lernen, wo er noch etwas nachzuholen hat.

Man kommuniziert immer seine innere Haltung, ob man will oder nicht. Automatisch zeigt man, was in einem steckt. Die Kommunikation kann deshalb auch als Spiegel der Innenwelt betrachtet werden. Es kann davon ausgegangen werden, dass das Umfeld auf die Innenwelt eines Menschen reagiert. Es lassen sich tatsächlich nur wenige Menschen mit gut gewählten Worten täuschen. Es ist wie eine erfüllende Prophezeiung. Um den Menschen herum ergibt sich automatisch eine passende Umgebung. Menschen, welche sich minderwertig fühlen, werden auch so behandelt. Diejenigen, welche anderen wenig zutrauen, werden dies immer wieder bestätigt bekommen. Das Sprichwort: „So wie es in den Wald hinein ruft, so schallt es auch wieder heraus", ist hierfür sehr passend. Der Mensch erhält immer eine Rückmeldung zur eigenen Einstellung auf sozialer oder materieller Ebene. Das bedeutet wiederum, dass man durch die Reaktionen anderer auf die eigenen Haltungsschäden hingewiesen wird. Natürlich ist das manchmal nicht gerade einfach und doch sollte man versuchen, dieses unbewusste Feedback zu beachten.

Jetzt starten wir richtig

Bevor Sie sich diesem Machtpotenzial Kommunikation widmen, ist es wirklich wichtig, dass Sie sich mit den vorangegangenen vier Säulen auseinandergesetzt haben. Hat man dies nicht, wird man sich nicht produktiv mit den nächsten Beispielen, Informationen und Tipps auseinandersetzen können. Menschen, bei denen die ersten vier Säulen gut entwickelt sind, werden in der Säule der Kommunikation ein höheres Niveau anstreben können. An diesem Punkt ist es wichtig, die vorhandenen Machtpotenziale differenzierter in die Kommunikation zu integrieren. Es ist nun von Bedeutung, dass man weiß, mit wem man was auf welche Weise tut und warum. Ganz besonders ist dies für eine Führungskraft wichtig. Auf den nächsten Seiten werden Sie erfahren, dass man anderen Menschen wirklich alles mitteilen kann, ohne diese zu verletzen. Wie das funktionieren soll, ist nur eine Frage des Kommunikationsgeschickes. Die Voraussetzung ist ein gewisser Wortschatz und ein guter Sprachstil. Damit möchte ich nicht sagen, dass Sie das, was Sie sagen wollen, auswendig lernen müssen. Es geht vielmehr darum, zu erkennen, wie sich die Grundeinstellungen zeigen und wie man darauf eingehen kann, um miteinander voranzukommen. Und genau dieses Wissen bezieht sich auf die verbalen sowie nonverbalen Kommunikationskanäle.

Hier ist es wichtig, sich vor der sogenannten Laienpsychologie in Acht zu nehmen. Es ist sehr oft der Fall, dass unzulässige Generalisierung als Weisheiten verkauft werden. Ein Beispiel hierfür: In einer Teamberatung sitzt jemand mit verschränkten Armen da. Das bedeutet, dass diese Person verschlossen und unzugänglich ist. Hier sollte man verschiedene Faktoren beachten. Vielleicht ist es auch nur kalt im Raum. Achten Sie auch darauf, ob diese Person vielleicht keine Armlehnen hat und daher nicht weiß, wohin mit ihren Armen. Vielleicht hat er oder sie auch eine Minus-Plus-Haltung und hält sich somit an sich selbst fest. Vielleicht möchte er oder sie auch durch eine Plus-Minus-Haltung signalisieren, dass andere ihm nichts anhaben können.

Die nonverbale Kommunikation

Das Machtgefälle zwischen zwei Gesprächspartnern wird deutlich durch die Sprache und das Gesprächsverhalten widergespiegelt. Hier ist nicht der verbale, sondern der nonverbale Teil der Kommunikation ausschlaggebend. Durch Forschung fand man heraus, dass rund 93 % der Interaktion durch nonverbale Kommunikation bestehen. Jeder Mensch macht einen Eindruck auf seinen Gesprächspartner. Dieser setzt sich aus drei Komponenten zusammen:

- 58 % die äußere Erscheinung, damit sind Körpersprache und Kleidung gemeint.

- 35 % die Stimme, hier spielen Lautstärke, Stabilität und Frequenz eine Rolle.

- 7 % stehen für den Inhalt, also das, was tatsächlich gesprochen wird.

Daraus lässt sich schlussfolgern, dass es immer darauf ankommt, wie man etwas sagt, und nicht, was man sagt. Bereits als wir noch Kinder waren, haben wir gelernt, wie man sich körpersprachlich verhält. Der größtmögliche Effekt wurde dabei erzielt, indem man sich sorgfältig austestete. Bei Erwachsenen ist die Körpersprache weitaus unbewusster. Es scheint sogar so, dass diese beiläufig passiert. Der Gesprächspartner nimmt diese auch nicht bewusst wahr. Der Effekt wird dadurch aber nicht weniger, sondern größer, denn kein Mensch realisiert, worauf er überhaupt reagiert.

Die devote Kommunikation

Die Körpersprache der Statusniedrigen ist die Minus-Plus-Haltung. Tatsächlich ist es auch so, dass die Werbegestik der Frauen zu 95 % aus devoten Anbiete-Posen bestehen. Wenn eine Frau also eine Führungsposition hat und sie nicht dazu bereit ist, auf diese Signale der weiblichen Unterordnung im Berufsleben zu verzichten, werden sich daraus viele Nachteile für sie ergeben. Ganz besonders die Männer reagieren darauf sehr stark, denn somit werden sie in ihrer höheren Position bestärkt. Natürlich wird eine Frau dadurch Akzeptanz erhalten, der Preis dafür ist aber, dass sie sich auf fachlicher Ebene disqualifiziert. Frauen müssen sich daher im Berufsleben immer entscheiden, ob sie Anerkennung für ihre Weiblichkeit oder für ihre Fachlichkeit haben wollen.

Es gibt sehr viele Frauen, welche das Problem zu lösen versuchen, indem sie unweiblich werden. Aber es ist keine Lösung, ein Mannweib zu werden. Eine Frau darf und sollte auch immer Frau sein. Wichtig ist, dass sie ihr Team führt und nicht flirtet. Tatsächlich kann man diese Unterordnungsgestik auch bei Männern beobachten. Daher ist es kein Wunder, wenn deren Führung nicht kraftvoll wirkt, sondern wenig ernst genommen wird. Wenn ein Mann fachlich brillant und argumentativ fit ist, aber keine passende Körperhaltung hat, wird es den Mitarbeitern schwerfallen, eine solche Führungskraft ernst zu nehmen.

In der Unterordnung zielt die Körperhaltung darauf ab, dass man sich als Mann oder Frau kleiner macht. Hierfür braucht es eine schmale und geschlossene Körperhaltung. Außerdem ist diese auch sehr angespannt und die Arme werden dabei eng an den Körper angelegt. Der Blick ist stets gesenkt und die Person spricht sehr leise. Das Ziel dieser Person ist es, wenig Raum einzunehmen. Um seine Aussagen zu torpedieren, kann man nach einer fundierten Argumentation auch noch mit den Schultern zucken. Zudem sind auch jene Personen gemeint, die am Ende ihrer Aussage mit ihrer Stimme fragend in die Höhe gehen.

Die dominante Kommunikation

Durch eine dominante Plus-Minus-Körpersprache hat die Person das Ziel, sich räumlich in Szene zu setzen. Viele Männer schlittern hier unbewusst hinein. Der Grund dafür ist, dass die männliche Werbegestik einer optischen Verbreiterung gleichkommt. Hierbei werden die eigene Stärke und Kraft herausgestellt, was von vielen als Maskulinität missverstanden wird.

Das Signal der Dominanz ist immer: „Ich bin größer als du!" Unterbewusst ist dabei auch immer gespeichert, dass derjenige, welcher dominanter ist, auch einen Machtanspruch hat. Ein mächtiger Mensch muss sich nämlich nicht verstecken. Jene Personen, die sich repräsentieren können, haben keine Angst.

Zudem lässt sich auch beobachten, dass dominante Personen wenig lächeln. Diese glauben tatsächlich, dass sie es nicht nötig hätten, freundlich, verbindlich und entgegenkommend zu sein. Eine solche Führungskraft kann laut oder gefährlich leise sein.

Bringen wir das doch einmal auf den Punkt:
Das Ziel der devoten Kommunikation ist das Herstellen von Beziehungen. Man setzt diese ein, um Anerkennung beim dominanten Gesprächspartner zu erreichen. Damit wird signalisiert, dass man den anderen braucht, was aber gleichzeitig auch Ohnmacht ausstrahlt sowie die empfundene Abhängigkeit unterstreicht.

Das Ziel der dominanten Kommunikation ist, sich selbst darzustellen. Um sich selbst zu bestätigen, setzen die Plus-Minus-Führungskräfte genau dieses Verhalten ein. Damit soll die eigene Stärke herausgestellt und dem anderen signalisiert werden, dass man ihn nicht braucht.

Damit eine gesunde Grundeinstellung im Miteinander möglich ist, bedarf es einer Raum-greifenden Körperhaltung, ohne dass man dabei anderen den Platz wegnimmt. Eine Führungskraft, welche ihrem Mitarbeiter das Signal sendet, dass sie da ist, gibt diesem Sicherheit. Ein großer Chef muss immerhin keine Angst vor einem Angriff haben. Außerdem ist es auch so, dass er es nicht nötig hat, den anderen zu verdrängen.

Wer sich in einer solchen Körperhaltung befindet, nutzt den Raum, welchen er auf nonverbaler und verbaler Ebene hat. Demnach bleibt jeder Person genügend Raum, um sich auszubreiten. Jene Menschen, die es übertreiben, werden begrenzt. Andere, die sich nicht trauen, werden ermutigt, sich auch zu entfalten.

Aber wie funktioniert das? Wenn man von Kommunikation spricht, so ist die Rede von etwas Interaktivem. Am besten stellen Sie sich hierfür vor, dass Sie mit Ihrem Gesprächspartner musizieren. Hierbei existiert nur der

Wunsch, etwas gemeinsam zu kreieren. Auf diese Weise kann man gemeinsam einen Rhythmus finden, wodurch Melodien entstehen. Manchmal gibt der eine das Thema an, der andere das Tempo. Und je mehr Gespür man selbst einbringt, desto weniger werden sich Dissonanzen einspielen. Es können dann sogar kleine Patzer zu neuen Melodien entwickelt werden. Auf diese Art und Weise erweitert man sein Repertoire.

Nun stellt sich die Frage, wie man sich gegenseitig beeinflusst und was man braucht, um tatsächlich auch miteinander weiterzukommen. Zudem ist es wichtig, herauszufinden, wohin jeder Einzelne will. Außerdem muss man auch einen Blick auf die Gemeinsamkeiten werfen, die das Gesamtstück tragen.

Wenn man das auf den Führungsalltag übertragen möchte, so bedeutet das, dass man sich immer wieder vergegenwärtigt, welches eigene Verhalten welche Grundpositionen beim Gesprächspartner anspricht. Es gilt auch herauszufinden, was den Widerstand reduzieren kann.

In der Säule der Kommunikation zeigt sich, ob die Entwicklung in den vorangegangenen Säulen tatsächlich eine Entwicklung der eigenen Persönlichkeit war. Man kommuniziert nun nicht mehr nur mit den eigenen Worten, sondern mit der ganzen Persönlichkeit. Jeder Mensch entwickelt dabei seinen eigenen Stil. Können Sie erkennen, was bereits gut entwickelt ist? An welchen Stellen kann es im Ernstfall vielleicht kippeln? Was ist es, das Sie mächtiger macht und was schwächer?

Die schonungslose Ehrlichkeit sich selbst gegenüber ist auch hier die Voraussetzung für eine Weiterentwicklung. Genau daraus ergibt sich der eigene Vorteil.

Das Schlüsselkriterium der Kommunikation ist demnach die Wahrheit.

Es bedeutet aber nicht, dass man andere schonungslos mit Offenheit belästigt oder den Mitarbeitern intime Details erzählt. Man sollte niemals allen Personen all das erzählen, was in einem vorgeht. Wichtig ist es, stets die Wahrheit auszusprechen. Hierzu zählt auch, dass man alles anspricht, von dem man glaubt, dass es schiefläuft. Wem das möglich ist, der sollte aber unbedingt darauf achten, dass es niemandem schadet. Wenn dies nicht möglich ist, sollte man besser schweigen. Man sollte sich immer um eine offene und ehrliche Kommunikation bemühen. Ohne dass man den Kumpel für einen anderen spielt, wird diese Art der Kommunikation als freundlich wahrgenommen. Es ist also die Aufgabe, eine Plus-Plus-Grundeinstellung zu kommunizieren und eine Win-win-Situation herzustellen. Dieses wiederum sollte aber nicht bedeuten, dass man sich selbst eine Plus-Plus-Einstellung einredet, obwohl man den Mitarbeiter eigentlich über den Tisch zieht. Es ist immer wichtig, dass man vor allem berücksichtigt, dass auch ein Mitarbeiter nur ein Mensch ist.

Die emotional kompetente Kommunikation

Die fünfte Säule, also die Säule der Kommunikation, stellt das Verbindungsglied zwischen Intellekt und Gefühl dar. Immer wenn es also um Bedürfnisse und Gefühle geht, sollte der Mensch vor allem eines: Denken! Jetzt denken Sie vielleicht, dass dies schon sehr komisch klingt, denn vorher habe ich Ihnen gepredigt, dass man der Liebe und der Leidenschaft freien Lauf lassen soll und nun auf einmal soll man denken. Tatsache ist, dass der Mensch dazu fähig ist, gleichzeitig zu denken und zu fühlen. Probieren Sie es doch mal aus und Sie werden sehen, dass es tatsächlich funktioniert.

Menschen, die denken, während sie fühlen, sind dazu in der Lage, die weiteren Fähigkeiten zu nutzen, beispielsweise die Kommunikationskompetenzen und die Verhandlungskompetenzen. Wem das gelingt, der wird sehen, dass sich dies auf die Gefühlslage aller Gesprächspartner positiv auswirkt. Wichtig ist es, dass Gefühle und Bedürfnisse auf sachlicher Ebene kommuniziert werden. Auf diese Art und Weise macht man die Beziehungsebene zum

Inhalt der Sachebene.

Einige Menschen werden jetzt befürchten, damit schlafende Hunde zu wecken, aber das ist keineswegs der Fall. Tatsache ist, dass andere die Karten, welche man auf den Tisch legt, nicht gegen einen ausspielen können.

Vielleicht kennen auch Sie das. Die Raumtemperatur ist spontan auf 20 Grad gefallen, aber man weiß gar nicht, was passiert ist. Was sollte man an dieser Stelle tun? Die Antwort lautet: Es einfach anzusprechen. Im Alltag ist es leider so, dass sehr viele Mitarbeiter, aber auch Führungskräfte, das Gegenteil emotionaler Kompetenz erleben. Es ist nicht immer leicht, die Stimmung anderer Menschen zu erfassen. Hinzu kommt, dass es manchen Führungskräften schwerfällt, ebendiese Situation konstruktiv zu verbalisieren. Auf der einen Seite sind die, welche dann einfach verstummen. Dann gibt es auch jene, die alles ganz leidvoll auf sich laden. Klar ist, dass beides niemandem hilft. Auf emotionaler Ebene wird man nicht satt. Das Hungerbedürfnis bleibt demnach unerfüllt, da es keine Klärung gab. Und auch hier hilft wieder nur eines: Sprechen Sie es an.

Leider ist es so, dass viele befürchten, noch mehr Probleme auszulösen, was viele Führungskräfte zurückschrecken lässt. Die Folge davon ist, dass man erst lange um den heißen Brei redet und am Ende unkontrolliert herausplatzt.

Es ist auch so, dass in den meisten Führungskräften die Angst vor konkreten Details regiert, besonders dann, wenn es um Feedback geht. Das zurückgehaltene Feedback stellt allerdings eine belastendere Verzerrung dar. Da, wo eine Führungskraft kein Feedback gibt, wird sich der Mitarbeiter dieses nehmen. Egal, was die Führungskraft tut oder lässt, in all den Dingen wird man ein Feedback hineininterpretieren. Es kommen dann Fragen auf wie: „Was haben Sie eigentlich gegen mich?" Ein Mitarbeiter hat permanent das Bedürfnis nach Struktur und sucht daher immer wieder nach Feedback. Diese unfreiwilligen Spekulationen kann eine Führungskraft nur vermeiden, wenn sie den Mund aufmacht und sagt, was sie bedrückt.

Die emotional kompetente Kommunikation in sechs Schritten erklärt
Eine Führungskraft kann und sollte wirklich alles ansprechen und dabei darauf achten, den anderen nicht zu verletzen. Dabei gilt es, einige Spielregeln einzuhalten. Mit diesen kann man lernen, über die eigenen Gefühle sowie auch die der Mitarbeiter zu sprechen, ohne dass man einem dabei zu nahe tritt oder sich selbst verletzbar macht.

Wichtig ist, dass immer die Führungskraft den Anfang macht. Wer in der Vergangenheit immer fair gespielt hat und wem der erste Spielzug gelingt, der sorgt dafür, dass auch der Mitarbeiter mitziehen wird. Gelingt dies nicht, muss man ein paar Extrarunden drehen. Es ist also so, dass immer die Führungskraft im übertragenen Sinne die Strafpunkte bekommt, denn es ist immerhin ihre Aufgabe zu führen. Wenn der Mitarbeiter also nicht mitkommt, ist dies ein Zeichen dafür, dass man etwas falsch gemacht hat und von vorn beginnen muss. Die Ursachen dafür, dass ein Mitarbeiter nicht mitkommt, sind meistens das überhöhte Tempo der Führung oder auch ein Mangel an Schutz. Als Führungskraft sollte man immer einen kleinen Schritt vorneweg sein und vormachen, wie es geht. Die Schritte, wie man handelt, sind für den Mitarbeiter Einladungen. Es ist aber auch in Ordnung, wenn ein Mitarbeiter erst einmal stehen bleibt und sich noch nicht so richtig traut.

Ein Tipp für jede Führungskraft: Machen Sie immer einen Schritt vor. Somit können Sie dem Mitarbeiter zeigen, was ihn erwartet. Vielleicht ist er dann beim nächsten Mal schon dabei. Somit haben Sie einen Erfolg erzielt. Das sogenannte Spielfeld der emotional kompetenten Kommunikation umfasst sechs Schritte, welche außerdem in drei Phasen unterteilt werden. Durch diese wird einem aufgezeigt, in welcher Säule der Macht man sich gerade bewegt.

Das Herz des anderen öffnen – das Machtpotenzial der Standfestigkeit und der Liebe

Dies ist die erste Phase, welche als Fundament jeder Kommunikation gilt.

1) Zeigen Sie Gesprächsbereitschaft.

2) Drücken Sie Wertschätzung aus.

Das Erkunden der Gefühlslandschaften – das Machtpotenzial der Selbstkontrolle und des Wissens

In der zweiten Phase teilt man mit, was genau im Argen liegt.

3) Geben Sie Feedback.

4) Sprechen Sie Intuition aus.

Die Übernahme von Verantwortung – das Machtpotenzial der Ethik und der Leidenschaft

In der dritten Phase geht es darum, dass man für seine Fehler gerade steht.

5) Benennen Sie die eigenen Anteile und entschuldigen Sie sich.

6) Signalisieren Sie die Bereitschaft für Veränderung.

Fassen wir also noch einmal zusammen:

• Die Kommunikation zeigt uns unsere persönliche Entwicklung.

• Die Wahrheit ist das Schlüsselkriterium von Kommunikation.

• Für Führungskräfte ist eine wohlwollend machtvolle Kommunikation wichtig.

• Die Kommunikationsfähigkeit muss im Allgemeinen verfeinert werden.

• Die eigene Innenwelt wird durch die Kommunikation nach außen gespiegelt.

• Man zeigt, was in einem steckt.

• Gut entwickelt ist hier die eigene Individualität, welche Unabhängigkeit verschafft.

• Man verfügt über eine ausgeprägte Kommunikationsfähigkeit sowie Sprachbewusstsein.

• Man hat seine Stimme im weitesten Sinne des Wortes gefunden und kann die Macht des Wortes nutzen.

• Was zwischen den Zeilen steht, wird erkannt.

• Der rote Faden wird auch bei unüberschaubaren Informationen gefunden.

• Es herrscht eine große Lern- und Konzentrationsfähigkeit, welche den Wissensdurst stillt.

• Wahre Gewinner sind Führungskräfte, die eine stabile Säule der Kommunikation haben.

12.9 WISSEN

Mit dem Marktpotenzial des Wissens ist ein Mensch dazu befähigt, die Wahrheit in Geschehnissen zu erkennen. Dadurch, dass man im Besitz der richtigen Informationen ist, werden einem die Türen zur Weisheit geöffnet. Und wie soll es anders sein, arbeiten auch hier zwei polare Kräfte: die Klarsicht und die Blindheit.

Diese Säule ermöglicht uns Muster, Strukturen und Rhythmen in unserer Umwelt zu erkennen. Die Illusionen, welche unser persönliches Wachstum verhindern, werden durchschaut. Mit diesem Machtpotenzial sind wir Menschen dazu fähig, die nicht offensichtlichen Dinge bewusst zu machen. Das, was unsichtbar ist, können wir sehen, also die Dinge, welche andere versuchen, vor uns zu verbergen. Wir können Unhörbarem lauschen, das, was zwischen den Zeilen schwingt, können wir wahrnehmen. Das, was uns ungreifbar erscheint, können wir fassen. Wir spüren also, was in der Luft liegt.

Auf der anderen Seite steht jedoch die Blindheit. Diese hat verschiedene Abstufungen. Es ist also möglich, dass sich die Sicht entweder trübt oder verzerrt. Der Mensch kann kurzsichtig sein oder er erkennt nicht, was direkt vor seiner Nase liegt. Menschen, bei denen dieses Machtpotenzial entwickelt ist, verfügen über folgende Dinge:

- Konzentrationsfähigkeit
- Vorstellungskraft
- Offenheit für neue Ideen
- Fantasie
- Schöpferische Energie
- Weisheit
- Intuition
- Klarheit im Denken
- Selbstbewusstsein.

Das Stirnchakra, also die Säule des Wissens, ermöglicht es den Menschen, achtsam zu sein und Dinge bewusst wahrnehmen zu können. Außerdem werden intuitive Erkenntnisse und Selbsterkenntnis möglich. Mit diesem Machtpotenzial erfährt man erstmals jene Augenblicke, welche eine die Augen wirklich öffnen.

Einer Führungskraft, deren Säule des Wissens gut entwickelt ist, wird ermöglicht, zu wissen, wer sie wirklich ist. Der persönliche Weg bezüglich des eigenen Lebens im Beruf oder der Berufung wird gefunden.

Ist diese Säule stark, so wird die Fähigkeit geweckt, sich die abstrakten Ziele lebhaft vorstellen zu können, wodurch man auch eine Vision für den weiteren Verlauf einer Karriere sowie das eigene Leben entwickeln kann. Man ist außerdem dazu fähig, Illusionen oder Täuschungen zu erkennen. Flüchtige, weltliche Erscheinungen sowie Ablenkungen werden hinter sich gelassen. Die Gedanken sind ruhig, klar und auf die persönlichen Ziele fokussiert. Die gegensätzlichen Aspekte versöhnen sich und arbeiten wechselseitig zusammen. Diese sind Unbewusstes und Bewusstes sowie Intellekt und Intuition. Man spricht hier auch davon, zur rechten Zeit am rechten Ort zu sein, um das Richtige zu tun.

Der Feind des Wissens ist die Illusion. Ein Mensch sieht sich erheblichen Problemen, die das Denken betreffen, ausgesetzt, wenn das Machtpotenzial des Wissens blockiert oder gar geschwächt ist. Das klare Denken, um zu sinnvollen Schlussfolgerungen zu kommen, ist dabei am meisten beeinträchtigt. Das heißt aber nicht, dass die Betroffenen dumm sind, sondern dass das persönliche Intelligenz- und Analysepotenzial nicht voll ausgeschöpft werden können. Darunter leiden ganz besonders Menschen, welche sehr intelligent und fantasievoll sind. Sie spüren, dass eigentlich viel mehr in ihnen steckt, können es aber nicht zum Ausdruck bringen. Charakteristisch für die schwach entwickelte Säule sind Konzentrationsstörungen sowie Lernschwächen. Es scheint so, als wäre nicht genug Energie vorhanden, wenn sich eine Person im blockierten Zustand befindet. Sie hat große Schwierigkeiten, ihre wesentlichen Gedanken festzuhalten. In diesem Zustand springen die Gedanken immer wieder hin und her. Genauso ist es mit der Aufmerksamkeit. Negativ betroffen sind dabei nicht nur die intellektuellen Fähigkeiten, sondern auch die Fantasie. Leider ist es so, dass dieses Problem den Betroffenen selten bewusst ist. Das Hin- und Herspringen der Gedanken sowie die willkürlichen Assoziationen werden mit Kreativität verwechselt.

Es ist nicht selten der Fall, dass die betroffene Person hier den roten Faden verliert. Eine Führungskraft wird sich dann beispielsweise fragen, was ihre Aufgabe ist oder wer wofür zuständig ist. In diesem Zustand stellen sich Gefühle der Richtungslosigkeit ein. Die betroffene Person empfindet dann Sinnlosigkeit und nimmt eine Minus-Minus-Position ein. Zudem wird der Weg im Beruf und im Leben verloren. Es ist außerdem möglich, dass sich massive Blockierungen hier als unklare Ängste zeigen. Diese können sich sogar bis zur Wahnvorstellungen ausweiten.

Wissen ist Macht, oder nicht? Nichts zu wissen, macht nichts? Lassen wir diese beiden unsicheren Sprüche doch einfach dort, wo sie hingehören, nämlich in die Zeit der Pubertät. Wissen ist Macht, Information! Information ist Macht, Informationsmacht!

Menschen, die über Informationen verfügen, können verschiedene Ereignisse in Gang bringen oder auch verhindern. Zudem sind Informationen auch als Heilmittel gegen Unwissenheit zu betrachten. Diese führen uns durch den beruflichen Alltag, den man manchmal mit einem Dschungel vergleichen kann.

Es gibt da allerdings auch einen Haken. Auch in einem Informationszeitalter, in dem sich das Wissen gut alle zwei Jahre verdoppelt, kann es schwierig sein, an Informationen zu kommen. Früher musste man suchen, um etwas zu finden. Die Informationen waren demnach rar. Aber auch heute müssen wir noch suchen. Jedoch stehen wir hier vor einem großen Heuhaufen, welcher aus fragmentierten und falschen Informationen besteht. Das Sprichwort ‚Die Nadel im Heuhaufen suchen‘ beschreibt diese Situation perfekt. Um etwas oder jemanden kontrollieren zu können, werden Informationen leider oftmals auch missbraucht. Beispielsweise durch Desinformation oder Propaganda. Damit versucht man, ganze Massen zu manipulieren. Hier ist das Wissen pervertiert.

Das Wissen wirkt sich vollkommen anders aus, wenn es von den vorangegangenen Säulen getragen wird. Kombiniert man beispielsweise die Macht des Wissens mit der Macht der Liebe, so dient die Weitergabe von Informationen dazu, einem Menschen mehr Macht zu verleihen. Durch psychologisches Wissen und emotionale Kompetenzen verbessert man Beziehungen. Von Offenheit und Vertrauen wird die Atmosphäre am Arbeitsplatz getragen.

Wer bisher die vorangegangenen Machtpotenziale durchschritten hat, wird mit Freude die Macht des Wissens für sich und seine Mitarbeiter entfalten.

Die vier Formen des Wissens

In unserer Gesellschaft wird das Wissen einseitig wahrgenommen und vermittelt. Als einzige Quelle für Wissen gilt daher die wissenschaftliche Forschung. Intuition haben einzig und allein die Frauen. Die Weisheit ist etwas für alte Leute. Und die sogenannten Spinner haben Visionen. Denken Sie, dass das so ist oder glauben Sie auch, dass diese Einstellung eher nach Ignoranz klingt?

Schauen wir uns doch einmal an, wie es sich mit dem Wissen verhält. Die Wissenschaft ist keineswegs die einzige wahre Lösung, denn das Wissen tritt in vielerlei Gestalten auf.

- Wissenschaft
- Intuition
- Weisheit
- Vision.

Jede dieser vier Formen hat ihre Bereicherung und einen Wert. Eine Führungskraft ist darauf angewiesen, dass ihr alle vier Wissensqualitäten zugänglich sind. Es muss ein gesundes Maß gefunden werden, damit man wahrhaft kraftvoll ist. Wer nur eine dieser Formen entwickelt, der lernt, wie man das Unwissen kategorisiert. Macht ergibt sich nur aus allen vier Formen des Wissens heraus. Der Mensch verfügt dann über mechanistisches Denken. Dieses arbeitet in Ursache-Wirkungs-Zusammenhängen (Wissenschaft). Komplexe Zusammenhänge werden intuitiv begriffen (Intuition). Das Lernen aus Erfahrung wird durch historisches Wissen ermöglicht (Weisheit). Zudem verfügt der Mensch auch über Visionen, welche ihm den Weg für die Zukunft aufzeigen. Zusammen sind diese vier Formen das Wissen.

Die Wissenschaft

Dies ist die wohl bekannteste Form des Wissens. Stellen Sie sich die Wissenschaft einfach wie eine Kamera vor, welche die Wirklichkeit ablichtet. Informationen werden hier methodisch gesammelt, sorgfältig studiert werden die Phänomene und die Erscheinungs- bzw. Funktionsweisen werden registriert. Sie gilt zudem als Hauptquelle für das, was der Mensch als sicher und gewiss hält. Es ist mittlerweile so, dass alle wissenschaftlichen Informationen zu einem riesengroßen Haufen an Wissen heranwachsen, sodass sich auch ein Experte kaum noch zurechtfindet. Kann man hier tatsächlich noch von Wissenschaft sprechen? Es gibt für alles und auch für jeden Bereich Spezialisten. Diese dringen bis und die Tiefen vor und bringen uns spannende Details ans Tageslicht. Die Frage ist nur, wer hier den Überblick behalten soll.

Die Informationsanalyse kurz und knapp

Der Urheber:

Wer ist das und wo steht er politisch, fachlich, sozial, gesellschaftlich oder unternehmerisch?

Informationen: Sie sagen etwas:

Welches Thema steht im Mittelpunkt?

- Fragestellungen
- Kernaussagen
- Zentrale Begriffe
- Definition
- Schlüsselwörter.

Warum: Was möchte der Urheber?

- Interessen
- Absichten
- Motive.

Wie:

- Welche Argumentationsformen werden verwendet?
- Welche sprachlichen Mittel werden verwendet?
- Welche stilistischen Mittel werden verwendet?
- Welche manipulativen Mittel werden verwendet?

Wo:

- Auf welchen Transportwegen werden Informationen gesendet?

Der Adressat:

Zu wem:

- An wen wendet sich der Urheber?
- Warum werden Informationen beachtet?
- Welches Wissen hat der Adressat?
- Hört man vorurteilsfrei?

Mit welcher Wirkung:

- Was wird von den Informationen gehalten?
- Wie wird der Inhalt beurteilt?
- Wie wird die Form beurteilt?
- Wie stark beeinflusst mich mein Verständnis?

Die Intuition

Auch hier werden Informationen geliefert, allerdings geschieht das nicht so genau wie bei der Wissenschaft. Und doch ist auch die Intuition ein unverzichtbarer Wissenslieferant. Zudem ist sie auch das Schlüsselkriterium des Wissens. Aufgrund zweier unersetzbarer Eigenschaften ist die Intuition unverzichtbar.

1) Sie ist schnell

Manchmal hat man sehr wenig Zeit, um das, was andere sagen, zu verstehen, sich selbst zu entscheiden und darauf zu reagieren. Wer nicht zur Intuition fähig ist, wäre in einem solchen Fall hilflos.

2) Sie ist ganzheitlich

Der Lauf der Dinge wird bildhaft begriffen. Durch diese ganzheitliche Intuition hat man schnell ein Bild von einer Person und weiß, ob diese auch ins Team passt. Außerdem schafft sie das Wissen, welche Fettnäpfchen man beispielsweise in Verhandlungen am besten umgehen sollte. Zudem ist man fähig, den Haken eines Projekts zu erkennen. Der Mensch braucht die Intuition, um sich orientieren zu können. Im Allgemeinen lässt sie sich als subjektiver Prozess der Erkennung erklären.

Das sind die Eigenschaften der intuitiven Erkenntnisse:

- Spontanes Auftreten
- Ganzheitlich
- Bildhaft
- Erscheinen unmittelbar
- Sind stimmig.

Der Mensch kann also etwas Wesentliches erfassen, auch wenn er nicht weiß, warum. Unentbehrlich ist die Intuition zudem für diagnostische Aufgaben. Beeindruckend ist es, wenn man die Treffsicherheit einer intuitiven Person erleben kann.

Im Volksmund spricht man hier auch von einem Bauchgefühl. Eigentlich ist dies ein sehr irreführender Ausdruck, denn tatsächlich geht es nicht um rein emotionale Wahrnehmung. Wenn dies der Fall wäre, hätte der Mensch lediglich ein Gefühl:

- Angst

- Trauer
- Mut.

Es ist aber so, dass wir eine Ahnung haben. Wir wissen, dass etwas schiefgeht. Natürlich ist es auch so, dass diese Ahnung immer mit Gefühlen verknüpft wird. Es gibt einen Zusammenhang zwischen persönlicher Wahrnehmung und der Intuition, denn es schwingen immer Gefühle mit. Das mag logisch klingen, aber es ist zu kurz gedacht. Die Gefühle, welche wir wahrnehmen, haben die Aufgabe, uns als Mediatoren zu dienen. Man könnte auch sagen, dass sie die Postboten sind. Die Straße, auf welcher diese Postboten gehen, ist dabei unser Körper. Und unser Gehirn ist der Briefkasten, in welchen die Informationen gesteckt werden.

Wenn dies geschehen ist, erfolgt eine unmittelbare Reaktion. Diese umgeht allerdings einen bewussten Verstand, denn es ist so, dass die Information intuitiv und sofort verwertet, aber nicht kognitiv überprüft wird.

Daher bleibt dann oft nur das emotionale Erleben im Bewusstsein. Man schlussfolgert, dass es sich um Gefühle handelt, welche in den Bauch gehören, was im Volksmund als Bauchgefühl beschrieben wird.

Tatsache ist, dass alle Gefühle im Bauch entstehen, aber dort bleiben sie nicht. Sie breiten sich aus. Vielleicht kennen Sie folgende Ausdrücke:

- Ich habe weiche Knie.
- Ich habe einen Kloß im Hals.
- Der Schweiß rinnt mir von der Stirn.

Dies sind drei Beispiele, welche verdeutlichen, dass der Briefträger angekommen ist. Es entsteht Angst. Jetzt schaltet sich unser bewusstes Denken ein, denn es muss überlegt werden, ob man wachsam sein sollte. Das allerdings dauert viel zu lange. Ein Urmensch wäre längst vom Säbelzahntiger gefressen worden. Daher haben wir ein viel schnelleres und vor allem unbewusstes Denkprogramm bekommen.

Haben auch Sie schon einmal etwas vom dritten Auge gehört? Denn das ist die Intuition. Wir sprechen hier vom Stirnchakra. Innerhalb weniger Sekunden entsteht genau dort ein inneres Bild, wie die Situation beschaffen ist. Hierbei handelt es sich also um eine spontane geistige Vorstellung, ohne dass einem jemand sagte, was vor einem liegt.

Demnach ist die Intuition also kein Bauchgefühl, sondern die Leistung unseres Verstands. Diese funktioniert vorsprachlich. Sie arbeitet sehr spontan in ganzen Bildern oder auch in emotionalen Gebäuden.

Wussten Sie, dass ein Großteil aller Führungsentscheidungen tatsächlich intuitive Entscheidungen sind? Im Nachhinein werden sie dann mit gut überlegten Gründen belegt. Unsere Intuition ahnt Dinge, von welchen unser Verstand noch gar nichts weiß.

Die Weisheit

Auch diese verfügt nicht über die Exaktheit der Wissenschaft. Sie ist für unser Wissen ebenso unverzichtbar. Man kann sie auch mit einem historischen Bewusstsein vergleichen. Die Weisheit ist also ein Wissen, über das, was bereits war. Aufgrund dieser Erkenntnisse kann der Mensch wirkungsvolle Prognosen über die Zukunft erstellen. Wenn man mit gewissen Verhaltensweisen nicht weitergekommen ist, wird man sie auch in Zukunft nicht an den Tag legen, denn der Mensch lernt bekanntlich aus Fehlern.

Tatsache ist aber auch, dass man die Fehler nicht unbedingt alle selbst machen muss. Man kann auch aus den Fehlern anderer lernen. Wenn man also nicht irgendwas an den Verhaltensweisen ändert, so werden diese auch in Zukunft Fehler bescheren. Welche Faktoren man verändern sollte, kann man durch die Weisheit lernen. Die Menschen waren schließlich schon in der Vergangenheit erfolgreich. Hat beispielsweise ein Bekannter eine Herausforderung gemeistert, kann dieser für Sie als Vorbild fungieren.

Betrachten Sie dieses Wissen vom Vergangenen als einen sehr wertvollen Schatz. Wenn man sich nicht mehr daran erinnert, wird er verloren gehen. Ein Wissenschaftler würde an dieser Stelle überlegen, wie er eine Lösung für das Problem finden kann. Wer Führungskompetenz erlangen möchte, muss Beobachtungen in folgenden Dingen anstreben:

- Das eigene Umfeld
- Die Politik
- Die Geschichte
- Psychologische Kenntnisse.

Beobachtet man alle diese Bereiche, wird man täglich weiser werden und Erfahrungen sammeln, welche Gold wert sind. Ältere Führungskräfte betrachten dieses Wissen oft als entlastend. Es ist aber leider so, dass Erfahrung und Weisheit sowie die Intuition unterschiedliche Wertschätzung erhalten. Akzeptiert zum Beispiel ein Unternehmen keine Mitarbeiter ab 50, so nimmt sich dieses selbst die Quelle der Macht.

Die Vision

Dieses Wissen gibt dem Menschen Aufschluss überall das, was unmittelbar vor ihm liegt. Der Mensch bekommt seinen persönlichen Lebensweg gezeigt. Dies kann beispielsweise durch Träume geschehen oder auch in Form von Hellsichtigkeit.

Versuchen Sie, sich einmal eine Membran vorzustellen, welche es Ihnen ermöglicht, sich selbst und die eigene Zukunft zu sehen. Da alle Menschen unterschiedlich sind, ist auch diese Membran bei allen Menschen verschieden ausgeprägt. Bei dem einen ist sie sehr durchsichtig, bei dem anderen wiederum undurchdringlich, fast schon wie eine Mauer aus Beton. Das ist sehr schade, denn so muss man viele Umwege gehen. Wer also eine recht durchsichtige Membran hat, wird sich eher weniger verlaufen.

- Aber wo wollen Sie eigentlich hin? Was ist Ihr Ziel?
- Führungskräfte finden auf diese Fragen Antworten in unterschiedlichen Intensitätsgraden.
- Das, was von mir verlangt wird, mache ich. Irgendjemand wird es mir schon sagen.
- Ich habe kurzfristige Ziele. Dieses Jahr schließe ich ein Projekt ab.
- Ich sehe das Ziel meiner Führungsarbeit in dieser Einrichtung langfristig.
- Ich sehe den Sinn meiner Führungsrolle grundsätzlich in ...
- Der Sinn meines Lebens ist ...

Es spielt keine Rolle, welchem Intensitätsgrad man folgt. Der individuelle Weg beträgt immer vier Schritte, welche einen zum Erfolg bringen.

Schritt 1:

Hier lautet die Frage: „Was ist der Sinn dessen, wer man ist und was man tut?"

Beantworten Sie sich diese Frage auf dem fünften Intensitätsgrad. Nehmen Sie dabei Bezug auf Ihr Menschsein und fragen Sie sich, was der Sinn Ihres Lebens ist.

Sie können sich diese Frage aber auch im dritten Intensitätsgrad beantworten, indem Sie sich fragen, was das Ziel Ihrer Führung in Ihrem Betrieb ist, also was man dort soll.

Ganze 95 % aller Führungskräfte scheitern bereits bei diesem Schritt. Der Grund dafür ist, dass sie sich diese Frage niemals stellen oder die Antwort darauf im Außen suchen, beispielsweise, indem sie ein prächtiges Auto fahren. Diese Menschen sind mit sich selbst beschäftigt und damit, für andere eine gute Show zu liefern. Mit dem, wofür sie bezahlt werden, also die Mitarbeiterführung, beschäftigen sie sich nicht. In diesem Fall sind sie mit ihrem eigenen Narzissmus beschäftigt und müssen daher wieder mit der

Standfestigkeit beginnen.

Ich möchte Ihnen noch ein paar Fragen zur Anregung mit auf den Weg geben:

- Was ist der Sinn Ihrer Führung?
- Wie lauten Ihre Aufgaben?
- Welchen Weg verfolgen Sie als Führungskraft?
- Welchen Weg verfolgen Sie als Mensch?
- In welchen Punkten fühlen Sie sich angesprochen?
- Sind Sie mit dem ganzen Herzen dabei?

Der erste Schritt ist erst vollbracht, wenn man diese Fragen tatsächlich für sich selbst beantworten kann. Die Antworten darauf kann man sich auch nur selbst geben. Lassen Sie sich Zeit bei der Beantwortung. Manchmal ist es auch so, dass es viele Jahre dauert, um eine Antwort zu finden. Am besten ist es auch, wenn man die Antworten jährlich überprüft und dem eigenen Entwicklungsstand angleicht. Es ist nämlich Tatsache, dass sich die Antworten mit jedem Entwicklungsschritt verändern werden.

Schritt 2:

Hier geht es nicht mehr darum, über sich selbst und seine Rolle nachzudenken. Jetzt haben Sie die Aufgabe, das zu tun, was Ihnen klar geworden ist. Leben Sie also Ihr Ziel, denn dieses ernährt Sie. Demnach ist dieser Schritt sehr pragmatisch und materiell. Man kann auch sagen, dass man die eigene Berufung zum Beruf macht. Sprachlich präsent ist dieses Wissen auch im theologischen Bereich. Hier fragt man sich nicht, wann man sich für den Beruf eines Priesters oder einer Nonne entscheidet, sondern wann man den Ruf gehört hat. Hören Sie also Ihren eigenen Ruf (Schritt 1). Haben Sie diesen gehört, sollten Sie diesem auch folgen (Schritt 2). Das Geheimnis des Erfolges ist es, dass man eben diese Be-Rufung zum Beruf macht. Wenn es Ihnen gelingt, das auszudrücken, was Sie emotional satt macht und wo Sie mit ganzem Herzen dabei sind, auch in Ihrem Job zur Geltung zu bringen, haben Sie bereits den zweiten Schritt getan.

Leben Sie nun also den Sinn Ihres Lebens, und zwar so, dass er Sie ernähren kann. Achten Sie auch darauf, dies nicht nur spirituell zu verstehen. Niemand sollte von Luft und Liebe leben, sondern auch materiell. (Fünfter Intensitätsgrad)

Wie können Sie Ihre Aufgaben angehen, sodass diese Sie und Ihre Mitarbeiter ernähren? Was muss man also tun, damit das Unternehmen erfolgreich wird und die Mitarbeiter auch langfristig einen Job haben? Was müssen Sie tun, um den Führungsposten auch weiterhin behalten zu können?

Erfüllen Sie Ihre Führungsrolle und fördern Sie sich selbst und Ihre Mitarbeiter. Auf diese Art und Weise können alle Bereiche des Seins gelernt werden: das Denken, das Handeln und das Fühlen. (Dritter Intensitätsgrad)

Schritt 3:

Der erste Schritt war die Reflexion von sich selbst und der eigenen Rolle, der zweite Schritt die Umsetzung der Erkenntnisse. Im dritten Schritt geht es nun also darum, diesen Weg zu sichern, damit man nicht wieder von diesem abkommt. Legen Sie nun also für alles in Ihrem Alltag beziehungsweise Führungsalltag ein Beurteilungsmaß an. Dieses soll dabei helfen, nachzuvollziehen, ob man einer Sache weiter nachgehen sollte oder nicht. Dieses Maß ergibt sich aus dem Ziel und dem Sinn, welchen Sie in Schritt 1 herausgefunden haben. Wenn also etwas oder jemand dem Ziel dient, sollten Sie diese Möglichkeiten auch nutzen, wenn nicht, lassen Sie es einfach.

Eigentlich hört sich das doch einfach an, oder? Hier kommt der Haken: Die Theorie klingt einfach, die Praxis ist es nicht. Wichtig ist, dass man konsequent bleibt, denn es ist so, dass man den Weg manchmal nicht vom Irrweg unterscheiden kann. Niemand weiß, was die eigenen Lernaufgaben sind. Seien Sie immer wachsam, damit Sie nicht vom Weg abkommen.

Messen Sie alles, was Ihnen im Leben begegnet, an Ihrem Lebenssinn. Wenn es Ihrem Lebenssinn dient, sollten Sie diesem auch folgen. Dient es Ihrem Lebenssinn nicht, dann folgen Sie diesem auch nicht. (Fünfter Intensitätsgrad)

Messen Sie alles, was Ihnen im beruflichen Alltag begegnet, an Ihrem Maßstab, also dem Ziel Ihrer eigenen Führungsrolle. Wenn es Ihrem Ziel dient, nutzen Sie die Möglichkeit. Dient es nicht, müssen Sie es nicht länger beachten. (Dritter Intensitätsgrad)

Schritt 4:

Jetzt brauchen Sie nichts mehr zu tun, außer das Wunder Ihres Erfolges zu genießen. Man kann auch sagen, dass man jetzt die Früchte ernten kann. Wer sich an die ersten drei Schritte gehalten hat, dabei nicht vom Weg abkam, der wird erfolgreich sein. Wer sich auch weiterhin an ebendiese Schritte hält, der bleibt auch erfolgreich – privat und beruflich.

Wenn Sie vom Weg abgekommen sind, gehen Sie schnell wieder zurück, denn sonst leben Sie in Sünde. Wenn wir die christliche Definition für Sünde betrachten, bedeutet das nichts anderes, als vom Weg abzukommen.

Hierfür zwei Beispiele:
- Der Status um des Status willen.
- Materielle Dinge nur wegen des Haben-Wollens.

Beides ist Sünde und dient nur für egoistische Zwecke. Bringt das nichts, so wissen Sie, dass dies der falsche Weg ist und Sie nun wieder zu sich selbst zurückfinden müssen. (Fünfter Intensitätsgrad) Lassen Sie sich auf keinen Fall von leeren Versprechungen sowie schnellem Erfolg verführen. Erfolg wollen Sie dauerhaft und nicht nur kurz. Daher ist es wichtig, dass man den langen Weg geht, denn dieser ist gesund und führt auch zum Erfolg.

Fassen wir noch einmal kurz zusammen:

• Das Wissen braucht den eigenen kleinen Professor in Aktion.
• Intuition ist das Schlüsselkriterium von Wissen.
• Für Führungskräfte ist Wissen unverzichtbar.
• Das Wissen muss immer wieder aktualisiert werden
• Wissenschaft, Intuition, Weisheit und Vision sind die vier Formen, aus welchen sich das Wissen zusammensetzt.
• Sie sind zur rechten Zeit mit der richtigen Intervention am rechten Ort.
• Die Zeichen der Zeit werden wahrgenommen und auf diese wird professionell reagiert.
• Der private sowie berufliche Weg im Leben wird gefunden.
• Sie haben klare und ruhige Gedanken.
• Sie fokussieren sich auf Ihre Ziele.
• Der Beruf wird durch dieses Machtpotenzial zur Berufung.
• Wahre Gewinner sind Führungskräfte, welche einen pfiffigen kleinen Professor in sich haben.

12.10 ETHIK

Was ist Ihnen heilig? Durch das Bewusstsein des Menschen für die höheren Werte der Menschheit erschließt sich deren Ethik. Die höheren Werte sind beispielsweise Gerechtigkeit und Respekt. Wer sich diesen höheren Werten tatsächlich zuwendet, ist mit sich selbst in Einklang. Wie bereits in den anderen sechs Säulen stehen sich auch hier wieder zwei polare Kräfte gegenüber: Einheit und Dualität. Das höchste spirituelle Ziel ist die Einheit. Erst, wenn ein Mensch tatsächlich verstanden hat, dass es zwischen ihm und anderen keine Trennung gibt, wird er sich in seinem Alltagsleben eingebettet fühlen. Nach genau dieser Einheit wird mit viel Leidenschaft gestrebt. In sogenannten Glücksmomenten kommt es dem Menschen so vor, als sei er tatsächlich im Einklang mit der Natur. Das Wesen des Menschen ist nun einmal, was es ist. Es spielt uns hier nämlich einen Streich und der glückliche Zustand löst sich wieder auf. Wer denn also in die Dualität zurückgeworfen wird, glaubt, dass eine duale Natur sein Los sei. Wenn das so ist, ist der Mensch von anderen, aber auch von sich selbst entfernt. Für das tägliche Handeln wird uns durch die Macht der Ethik ein Maßstab bereitgestellt. Die Ethik vermittelt uns Glauben und Hoffnung an das Gute im Menschen. Das geschieht auch, wenn dieses nur wenig entwickelt ist. Durch die Ethik erfahren wir den Halt, welchen wir benötigen, um genau dieses Gute bei uns selbst, aber auch bei anderen Menschen zu entwickeln. Dadurch verschaffen wir uns einen Standpunkt über die Dinge sowie Abgeklärtheit. Der Mensch ist dann so weit, dass er den Dingen ihren Lauf lassen kann, ohne sich darüber aufregen zu müssen. Wenn erschütternde Ereignisse geschehen, ist man dazu in der Lage, die Ruhe zu bewahren, klar zu denken und zu sehen, was um einen herum passiert, ohne dass man von anderen manipuliert werden kann. Durch Ethik spüren wir die Macht, welche sich nicht auf Materielles bezieht.

Menschen, deren Machtpotenzial Ethik stabil entwickelt ist, verfügen über folgende Dinge:

- Zufriedenheit
- Gefühl von Verbundenheit
- Selbstverwirklichung
- Geistige Kraft
- Spiritualität
- Tiefer Frieden
- Unumstößliche Gelassenheit.

Führungskräften, deren Säule der Ethik stabil entwickelt ist, verspüren tiefen Frieden. Dieses wunderbare Gefühl von Stabilität und Harmonie kann man zudem an das Umfeld weitergeben. Demnach ist man für andere Menschen beziehungsweise seine Mitarbeiter eine Kraftquelle sowie Inspiration. Die siebte Säule steht als Ziel-Säule für Vollendung und auch Vollkommenheit.

Während man die sieben Säulen durchläuft, wird das ureigene Machtpotenzial erweckt. Das Ganze kann man mit einer Pflanze, welche sich unter der dunklen Erde befindet und dem Licht entgegen wächst, vergleichen. Das menschliche Bewusstsein hat sich den animalischen Qualitäten der ersten drei Säulen, welche affektgesteuert sind, enthoben. Die beiden verbindenden Säulen (Liebe und Kommunikation) hat man dabei durchlaufen. Am Ende kommt man über die reflektierende Säule des Wissens am höchsten Punkt an, der Ethik. Wenn alle Säulen gut entwickelt sind, hat der Mensch beziehungsweise auch die Führungskraft wahres Charisma gewonnen.

Der Feind der Ethik ist der Mitläufer. Es wird ein Mangel gespürt, welchen man weder erfassen noch begreifen kann, wenn die Säule der Ethik nur schwach entwickelt ist. Dies zeigt sich vor allem in der fehlenden Lebensfreude. Es bleibt ein Gefühl der Leere sowie Unzufriedenheit, selbst wenn alle äußeren Bedingungen anscheinend stimmen. Und genau dieses Gefühl kann sich zu depressiven Stimmungen steigern. Im schlimmsten Fall geht dieses Gefühl auch in geistige Erschöpfung über. Der Mensch spürt, dass in ihm eine Leere ist, er weiß aber nicht, wo und warum das so ist. Man kann auch sagen, dass es im Bewusstsein einen blinden Fleck gibt. Oft wird angenommen, dass dieser Mangel auf gesundheitlichen oder materiellen Mangel zurückzuführen ist. An dieser Stelle wird dann versucht, von außen den inneren Mangel auszugleichen. Allerdings ist es so, dass das Gefühl von Unzufriedenheit bleiben wird. Es muss dann immer mehr sein, denn anscheinend hilft viel auch wirklich viel. Das hat allerdings nur zur Folge, dass man dann auf krummen Pfaden unterwegs ist. Ständig wird versucht, die materielle Gier zu befriedigen. Zum Tagesgeschäft gehören neben Lügen auch Manipulation. Die sogenannten Machtspiele werden dann mit dem Motto ‚Der Zweck heiligt die Mittel‘ gerechtfertigt. Es folgenden Sätze wie: „Ich kann allein die Welt auch nicht retten."

In einer Plus-Minus-Grundhaltung kann die Ethik auch pervertiert vorgetäuscht werden. Das ist keine wahre Ethik. Als solche wird sie aber dennoch verkauft. Eine Führungskraft wird dann versuchen, ihre eigene Ethik den anderen aufzuzwingen. Nur sie allein steht im Mittelpunkt. Von ihren Überzeugungen wird sie niemals ablassen, dabei wirkt eine solche Führungskraft auf andere unsensibel und auch egoistisch.

Auf der anderen Seite der falschen Ethik-Münze lebt aber auch ein spiritueller Einsiedler. Die Person wird weltfremd und zieht sich zurück. Hier geschieht nicht nur eine Flucht aus der Realität, sondern eine vollkommen überzogene Abgrenzung. Man kann auch sagen, dass die Person abhebt und den irdischen Dingen kein Interesse mehr entgegenbringt.

Wie sich eine Blockierung in der Säule der Ethik ausprägt, ist immer von der eigenen inneren Grundeinstellungen abhängig. Manche haben eine Minus-Minus-Haltung und wollen nichts mehr mit anderen zu tun haben, andere wiederum wären sogar dazu bereit, einen nahestehenden Menschen weiterzuverkaufen, wenn es sie selbst voranbringt. Hier herrscht eine Plus-Minus-Haltung vor.

Außerdem gibt es auch noch jene, die sich in einer Minus-Plus-Haltung befinden und das tun, was alle tun: „Das ist nun mal der Lauf der Dinge. Was soll man da noch machen?"

Wenn wir von Ethik sprechen, meinen wir auch sittlich. Hierbei geht es um das verantwortliche Handeln. Dies entspricht immer der eigenen Grundhaltung, mit welcher man sich im Berufsleben bewegt. Von der Verantwortung für das Unternehmen, für das Team und jeden einzelnen Mitarbeiter wird dieser Handlungsmaßstab abgeleitet.

Woran glauben Sie, wenn es um die Mitarbeiterführung geht? Wofür stehen Sie? Was ist Ihr Credo? Das sind die Grundfragen. An dieser Stelle verbinden sich die Säule der Standfestigkeit und die Säule der Ethik. Mit anderen Worten kann man auch sagen, dass sich der Kreis nun schließt. Wenn also die Ethik eines Menschen entwickelt ist, wird sich dies in dessen Standfestigkeit zeigen, wofür er steht.

Es ist daher logisch, dass jede Führungskraft einen anderen ethischen Handlungsmaßstab hat. Es gibt viele Führungskräfte, welche über keinerlei Ethik verfügen oder von dieser wissen, andere hingegen führen ihr Team vorbildlich.

Die Führungskräfte und deren Ethik

Auch eine Führungskraft ist nur ein Mensch und daher keinesfalls besser als andere. In ihrer beruflichen Rolle ist es jedoch so, dass sie größere Hebel betätigen. Weit größere Auswirkungen haben hier Inkompetenz, Nachlässigkeit sowie fehlender Skrupel. Egal, ob sich eine Führungskraft schuldig fühlt oder nicht, so muss sie sich dennoch immer verantworten. Geschieht das nicht, so wird ein Manager beispielsweise zum Erdulder von Unrecht, schlägt dann einen vollkommen falschen Weg ein und wird Mitläufer. Sie gehen dann in die Partei der Würdelosigkeit. Scheinbare Sachzwänge werden hier den kritischen Argumenten entgegengehalten. Umstände können nicht verändert werden, Meinungen sind zementiert oder ein Manager muss ganz zwingend bestimmten Gesetzmäßigkeiten folgen. Wenn das tatsächlich der Fall wäre, würde es nicht Führungskraft heißen, sondern Folgeschwäche. Oftmals steckt dahinter Einfallslosigkeit, Trägheit oder Korruptheit. Es gilt, als Erstes die Meinungsfreiheit, Entscheidungsfreiheit und Handlungsfreiheit wiederherzustellen, wenn eine Entmündigung der Führungskraft stattfindet.

Im Tagesgeschäft gibt es sehr viel Druck. Doch dieser darf auch kein Grund für das Zurückstellen unternehmerischer Weitsicht sein. Wenn dies so wäre, würde man sich wie ein Holzfäller verhalten, welcher mit einer stumpfen Kettensäge arbeiten muss und behauptet, er hätte keine Zeit, sich eine ordentliche Kettensäge zuzulegen, denn immerhin müsse er Holz fällen. Es bestehen Abhängigkeiten, weshalb auch eine ethische Grundhaltung der Führungskraft wichtig ist. Mitarbeiter sind immer abhängig von ihrer Führungskraft. Wenn es also keine ethische Grundhaltung gibt, besteht hier die Gefahr von Machtmissbrauch sowie Ausbeutung. Das wichtigste Prinzip einer Führung sollte daher sein, keinen Schaden anzurichten. Demzufolge ist die Achtsamkeit das Schlüsselkriterium der Ethik.

Eine angemessene Ethik kann man erst für sich entwickeln, wenn man sich seiner Rolle, welche man gegenüber anderen Menschen hat, sowie der Verantwortung für das eigene Handeln bewusst ist.

Moral gegen Ethik

Es stellt sich die Frage, wie man eine angemessene Ethik entwickelt. Zudem gilt es zu klären, was der Unterschied zwischen Moral und Ethik ist. Kann ein Mensch tatsächlich auf die Ethik verzichten, wenn er eine Moral hat? Kann ein Mensch sogar jede Moral aufgeben für eine gut durchdachte Ethik?

Erinnern Sie sich doch einmal an die Ich-Zustände: Normen und Regeln sind in unserem Eltern-Ich gespeichert. Aber das ist nicht unsere Ethik, denn wir haben die Vorgaben unreflektiert übernommen. Hierbei handelt es sich um Gebote und Verbote. Man könnte auch sagen, dass es die Knigge für Führungskräfte ist. Deren Inhalte stammen jedoch nicht von einem selbst. Personen, die für uns wichtig sind, waren hierfür die Lieferanten. Hauptsächlich sind das unsere Eltern.

Die Moral hingegen ist etwas, das befolgt wird. Zudem ist sie sehr starr. Es ist möglich, dass ein Mensch sehr moralisch ist, aber keine Ethik hat. Kurzum gesagt heißt das, dass beim Moralapostel die Menschen für die Regeln da sind, nicht aber die Regeln für die Menschen. Regeln gelten als absolut, was wiederum fundamentalistisch ist.

Wenn wir von einer reinen Moral im Unternehmen sprechen, geht es um den Kadavergehorsam gegenüber dem Regiment. Das ist jedoch sehr gefährlich für die Mitarbeiter sowie auch für das Unternehmen. Diese moralischen Verhaltensregeln wurden nicht eingehend reflektiert, weshalb man keine eigenständige Meinung dazu hat. Moralisches Denken funktioniert in „man sollte" oder „man darf nicht". Hier spricht man von der Anpassung des Kind-Ichs. Es wurde auch hier die vorhandene Moral nicht geprüft und ob die Verhaltensregeln tatsächlich angemessen sind.

Die gewissenhafte Überprüfung des Erwachsenen-Ich ist somit der Schlüssel zur Ethik. Es muss demnach überprüft werden, ob bestimmte Verhaltensweisen, Werte unter Einstellungen wirklich angemessen sind.
Der Unterschied besteht also darin, dass die Moral etwas Übernommenes ist, während die Ethik entwickelt wird.

Die selbst entwickelte Ethik wird aus zwei Quellen gefördert:

1) Die Inhalte, die man aus dem Eltern-Ich übernommen hat, werden überprüft und, wenn nötig, auch verändert. Sie lesen in diesem Buch beispielsweise etwas über Vertrauen. Erst mal ergibt das für Sie Sinn. Bis zu dieser Stelle ist es Moral. Sie erfahren dann, dass es Ihnen etwas bringt, wenn Sie anderen vertrauen. An dieser Stelle fließt Ihre eigene Lebenserfahrung ein. Somit wird ein moralischer Wert zu einer ethischen Richtlinie.

2) Zu bestimmten Themen macht man sich im Erwachsenen-Ich eigenständig Gedanken. Dabei ist man losgelöst von allen Vorgaben. Auf diese Weise entsteht eine neue Technologie. Zu dieser muss man sich dann wiederum neue Gedanken machen, damit man seine Position finden kann. Man informiert sich, macht sich Gedanken und daraufhin bildet man seine eigene Einstellung.

Als Moralrichtlinien gelten auch erst einmal Unternehmensleitlinien. Für die Person, welche diese geschrieben hat, ist das natürlich die eigene Ethik. Für jene, welche diese präsentiert bekommen, ist es Moral. Setzen sich Führungskräfte und Mitarbeiter damit auseinander und machen sich diese zu eigen, so werden ebendiese Unternehmensleitlinien zur allgemeingültigen Ethik des Betriebs. Wenn dieser Prozess allerdings vernachlässigt wird, stehen diese Leitlinien nur auf dem Papier. Niemand fühlt sich an diese gebunden.

Leere Leitlinien sind hier besonders kontraproduktiv. In vielen Firmen kann man lesen, dass die Führungskräfte ein Vorbild sind. Das ist allerdings kein Leitbild, sondern eine Tatsache. Hier fehlt die ethische und verbindliche Komponente. Es stellt sich die Frage, welches Vorbild diese Führungskräfte sind. Bemühen sie sich tatsächlich, ein positives Vorbild zu sein? Ist es vielleicht der Fall, dass man je nach Wetterlage entweder ein positives oder negatives Vorbild ist?

„Die Führungskraft unserer Außenstelle steht dafür ein, vertrauenswürdig zu arbeiten. Ihren Mitarbeitern steht sie immer zur Seite." Das wäre eine ethische und verbindliche Leitlinie.

Das Hauptinstrument der Kontrolle

Hierbei handelt es sich um Machtspiele. Eine Führungskraft strebt hier bewusst danach, das Verhalten eines Mitarbeiters für eigene Zwecke zu kontrollieren. Mit anderen Worten geht es hier um ein Manöver, mit welchem man versucht, andere zu etwas zu verlocken. Es wird nicht direkt danach gefragt und auch nicht offen darüber verhandelt.

Abwertung und reine Manipulation sind hier die charakteristischen Eigenschaften. Wer Machtspiele betreibt, möchte sich durchsetzen, recht haben, Macht erhalten, Einfluss nehmen und sein eigenes Gesicht wahren. Diese werden gespielt, um Scham, Ohnmacht, Unsicherheiten oder

Hilflosigkeit zu vertuschen. Führungskräfte, welche Machtspiele spielen, sind nicht dazu fähig, in sich selbst zu ruhen. Sie sind nicht mit sich selbst im Reinen und können sich auch nicht angemessen auf andere beziehen. Das Umfeld wird also für das eigene Ego missbraucht. Es ist aber auch der Fall, dass Mitarbeiter ebenso dieses Spielchen spielen können. Demnach lässt sich sagen, dass es genauso viele Machtspiele wie Menschen gibt.

Man kann die Machtspiele in folgende Schubladen sortieren:

- Alles oder nichts: Hierbei handelt es sich um eine erpresserische Variante.
- Einschüchterung: Es wird mit Angst gearbeitet, die Angst, dass jemand etwas erleiden muss.
- Lügen: Besonders leichtgläubige Menschen werden sich hier zunutze gemacht, die Angst vor Konfrontation wird ausgenutzt.
- Passivität: Diese wird als Hebelmechanismus eingesetzt, damit persönliche Ziele erreicht werden können, außerdem wird der andere so ausgebremst.

So geht man mit Machtspielen um

Ein Machtspiel mit einem weiteren Machtspiel toppen zu wollen – das ist eine sehr unkluge Idee. Es ist natürlich unethisch und weit kommen wird hier niemand. Es mag sein, dass man eine Runde gewinnt, doch der Gegner wird sich zum Kräfte-Sammeln zurückziehen und beim nächsten Mal besser vorbereitet sein. Es ist daher wichtig, dass man die eigenen Kräfte nutzt, um ein Machtspiel zu beenden. Nur so kann man zum Weg der Kooperation zurückfinden.

Als Erstes sollte man den Machtspieler stoppen. Hierzu reicht es, wenn man „Stopp" sagt. Wer gern mehr Wörter verlieren möchte, kann Folgendes sagen: „Stopp! Ich weiß ganz genau, welches Spiel hier läuft, aber ich kann dir sagen, dass wir so nicht weiterkommen."

Wo ein Machtspiel ist, gibt es auch eine Antithese. Dies ist eine Entwaffnung, um das Machtspiel zu neutralisieren. Es handelt sich dabei um ein

Abrüstungsverfahren. Wichtig ist, dass diese Antithese niemals ein guter Plan ist, denn sonst wird nur mit einem weiteren Machtspiel gekontert und es droht die Eskalation. Es geht nicht darum, auf verbaler Ebene Karate zu praktizieren. Das Ziel ist es, dass man miteinander auf einer respektvollen Ebene kommunizieren kann. So räumt man den Weg frei, um kooperative Verhandlungen zu führen.

Ausnahmen bestätigen wie immer die Regel. Ist der Gegner wild dazu entschlossen, dass er alles an sich reißen muss, wird man um einen Krieg nicht herumkommen, denn wie sonst kann man das, was einem zusteht, auch behalten? Hier spricht man von einem Krisenfall. Und in ebendiesem ist Ethik ganz besonders von Bedeutung.

Die Ethik sollte in Ihrem Wertsystem ein fest verankerter Handlungsmaßstab sein, denn so dient sie Ihnen als Schutzschild vor Manipulationen. Der Mensch wird dadurch immun gegen machiavellistische Verlockungen.

Fassen wir noch einmal zusammen:

- Die Ethik ist unser Schutzschild.
- Achtsamkeit ist das Schlüsselkriterium für die Ethik.
- Wenn eine Führungskraft Verantwortung trägt, ist die Ethik unverzichtbar.
- Durch Ethik spürt man eine Macht, welche sich nicht auf Materielles stützt.
- Man steht mit Gelassenheit über alltäglichen Dingen.
- Der Blick für das Wesentliche wird bewahrt.
- Man spürt eine tiefe Zufriedenheit durch die Macht der Ethik.
- Man ist eine Kraftquelle für andere Menschen.
- Man ist Inspiration für andere.
- In erschütternden Ereignissen kann man Ruhe bewahren, klar denken und sehen, ohne dass andere einen manipulieren können.
- Stabilität und Harmonie im Umfeld werden gefördert.
- Wahre Gewinner sind Führungskräfte mit einer stabil entwickelten Ethik.

Schlusswort/ Fazit

Wenn Sie das Buch bis zu dieser Seite gelesen haben, möchte ich Ihnen danken, aber auch gratulieren. Sie haben sich durch jede Menge Informationen durchgearbeitet und sind dabei standhaft geblieben. Zu so viel Leidenschaft und Standfestigkeit kann ich Ihnen nur gratulieren.

Haben Sie Vertrauen in sich selbst, denn damit können Sie Ihre inneren Kräfte wecken und erfolgreich sowie mächtig werden. Die verschiedenen Machtpotenziale stecken bereits in Ihnen. Sie wollen entdeckt und entwickelt sowie verstanden werden.

Macht ist Standfestigkeit.

Macht ist Leidenschaft.

Macht ist Selbstkontrolle.

Macht ist Liebe.

Macht ist Kommunikation

Macht ist Wissen.

Macht ist Ethik.

Wer in allen sieben Säulen eine gute Entwicklung durchlaufen hat, der ist mächtig.

Wenn Sie herausfinden wollen, ob Sie eine vollendete Führungspersönlichkeit sind, können Sie den folgenden Test machen. Ich wünsche Ihnen für Ihren beruflichen und privaten Weg alles Gute, Standfestigkeit, Leidenschaft, Selbstkontrolle, Liebe, Kommunikation, Wissen und Ethik.

☐ Sind Sie von manchen Sprüchen vollkommen geplättet?
→ Es ist notwendig, zurück zur Leidenschaft zu gehen.

☐ Wissen Sie manchmal nicht, welcher Teufel sie gerade reitet?
→ Es ist notwendig, zurück zur Leidenschaft zu gehen.

☐ Geraten Sie immer wieder in Sackgassen?
→ Gehen Sie zurück zur Selbstkontrolle.

☐ Können Sie manchen Mitarbeitern nicht ausstehen?
→ Gehen Sie zurück zur Liebe.

☐ Kommen Sie mit Ihren Ideen einfach nicht durch?
→ Gehen Sie zurück zur Kommunikation.

☐ Können Sie sich manchmal schwer entscheiden?
→ Gehen Sie zurück zum Wissen.

☐ Sie müssen sich äußeren Zwängen beugen trotz besserem Wissen?
→ Gehen Sie zurück zur Ethik.

Wenn das Ergebnis hier lautet, dass Sie nicht vollkommen sind, dann kann ich Ihnen nur gratulieren. Also: Herzlichen Glückwunsch! Sie sind ein Mensch! Der Weg ist unser Ziel. Wenn Ihnen danach ist, können Sie die sieben Säulen noch einmal durchgehen.

Ich wünsche Ihnen alles Gute auf Ihrem Weg.

Herstellung und Verlag:

BoD – Books on Demand, Norderstedt

ISBN: 9783754334461

Kontakt: Psiana eCom UG/ Berumer Str. 44/ 26844 Jemgum

Covergestaltung: Fenna Larsson

Coverfoto: depositphotos.com